岗位技能培训手册系列

仓库管理员岗位培训手册

弗布克培训运营中心 编著

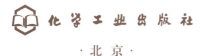

·北京·

内容简介

《仓库管理员岗位培训手册》提供了工作知识＋工作步骤＋工作方法＋工作方案＋工作制度的培训解决方案。"拿来即参""拿来即用"是本书的显著特色。

本书从仓库管理员岗位工作的实际出发，系统介绍了仓库选址、布局与规划，物资入库，物资储存，物资盘点，仓库库存，仓库设备，物资出库，仓库安全卫生以及智能仓库的相关内容。

本书是一部关于仓库管理员岗位培训与管理的实用性手册，适合仓库管理员岗位新人、仓库管理培训人员、仓库管理培训咨询机构等相关从业者阅读和使用。

图书在版编目(CIP)数据

仓库管理员岗位培训手册/弗布克培训运营中心编著.—北京：化学工业出版社，2023.1
（岗位技能培训手册系列）
ISBN 978-7-122-42333-7

Ⅰ.①仓… Ⅱ.①弗… Ⅲ.①仓库管理-岗位培训-技术手册 Ⅳ.①F253-62

中国版本图书馆CIP数据核字（2022）第188854号

责任编辑：王淑燕
文字编辑：赵　越
责任校对：宋　玮
装帧设计：史利平

出版发行：化学工业出版社
　　　　（北京市东城区青年湖南街13号　邮政编码100011）
印　　装：大厂聚鑫印刷有限责任公司
710mm×1000mm　1/16　印张12½　字数224千字
2023年4月北京第1版第1次印刷

购书咨询：010-64518888
售后服务：010-64518899
网　　址：http://www.cip.com.cn

凡购买本书，如有缺损质量问题，本社销售中心负责调换。

定　　价：69.00元　　　　　　　　　　　　　　　　　　版权所有　违者必究

前言

"十四五"时期,中国大力实施"技能中国行动",健全技能人才培养、使用、评价、激励制度,健全"技能中国"政策制度体系和实施"技能提升""技能强企""技能激励""技能合作"四大行动。

技能是强国之基、立业之本。在"技能提升"和"技能强企"行动中,每个企业的每个岗位人员,都需要不断强化岗位技能,提升工作能力,为企业贡献力量。为此,基于岗位,立足业务,面向管理,我们推出了这套"岗位技能培训手册系列"图书。

我们将业务内容和管理目标都细化为流程、步骤、表单、制度、方案、规程、报告、细则、预案、办法等,以达到"拿来即学""拿来即参""拿来即改""拿来即查"的目的,从而达成"拿来即用"的目标。

《仓库管理员岗位培训手册》是此系列图书中的一本,通过细化仓库管理员的工作事项,系统地讲解了仓库管理员工作时所要了解的知识点、步骤、方法、方案、制度,可以极大地提高仓库管理员的工作正确率与工作效率。

本书具有如下3大特点。

1. 有步骤、有方法、有方案、有制度、有工具

本书采用了"知识+步骤+方法+方案+制度"五位一体的内容设计体系,为仓库管理员开展工作提供了详细的工作模板,读者可以根据实际情况"拿来即用"或"拿来即改",进一步提高工作效率。

2. 精细化、标准化、规范化、模板化、清晰化

本书设计了仓库管理员精细化的工作事项,标准化的工作制

度，规范化的工作步骤，模板化的工作方案，清晰化的业务关键点，为仓库管理员提供了全方位的仓库工作指导与参考依据。

3. 系统性、操作性、工具性、实用性、专业性

本书对仓库管理员的工作内容进行了具体的分项，体现系统性，对具体工作事项给出流程，体现操作性，给出图形、表单、公式，体现工具性、实用性，对管理活动给出制度，体现专业性。通过本书的阅读，可以进一步提升仓库管理员的工作执行效果。

本书的电子课件可免费提供给采用本书作为培训教材的教师使用，如有需要请联系：357396103@qq.com，欢迎广大读者提出宝贵意见，以供修订时改正。

弗布克培训运营中心
2022 年 10 月

目录

第 1 章　仓库选址、布局与规划管理　001

1.1　仓库选址 // 002
 1.1.1　确定仓库类别 // 002
 1.1.2　制定仓库选址策略 // 004
 1.1.3　运用仓库选址方法 // 005
 1.1.4　分析仓库选址影响因素 // 007
 1.1.5　确定选址结果 // 009

1.2　仓库布局 // 011
 1.2.1　仓库总平面布置 // 011
 1.2.2　仓库竖向布置 // 012
 1.2.3　仓库供给与排水布置 // 013
 1.2.4　搬运与库区布置 // 013

1.3　库区与货位规划方案 // 014
 1.3.1　库区规划方案 // 014
 1.3.2　货位规划方案 // 016

第 2 章　物资入库管理　018

2.1　物资接货步骤 // 019
 2.1.1　步骤1：划分位置 // 019
 2.1.2　步骤2：整理区域 // 020
 2.1.3　步骤3：安排接货 // 020

    2.1.4　步骤 4：装卸搬运 // 022
2.2　物资验收步骤 // 025
    2.2.1　步骤 1：核对证件 // 025
    2.2.2　步骤 2：验收数量 // 026
    2.2.3　步骤 3：验收质量 // 026
2.3　物资编码步骤 // 028
    2.3.1　步骤 1：掌握分类方法 // 028
    2.3.2　步骤 2：确定编码方法 // 029
    2.3.3　步骤 3：遵循编码原则 // 030
    2.3.4　步骤 4：制作管理卡片 // 031
2.4　半成品、成品入库步骤 // 032
    2.4.1　步骤 1：半成品入库 // 032
    2.4.2　步骤 2：成品入库 // 034

第 3 章　物资储存管理　　036

3.1　物资堆码步骤 // 037
    3.1.1　步骤 1：明确堆码要求 // 037
    3.1.2　步骤 2：选择堆码方法 // 039
    3.1.3　步骤 3：掌握苫垫方法 // 040
    3.1.4　步骤 4：制定堆码方案 // 042
    3.1.5　步骤 5：注意特殊堆码 // 044
    3.1.6　步骤 6：做好堆码记录 // 046
3.2　温湿度控制步骤 // 047
    3.2.1　步骤 1：掌握温湿度控制方法 // 047
    3.2.2　步骤 2：收集仓库物资特性 // 048
    3.2.3　步骤 3：制定仓库温湿度标准 // 048
    3.2.4　步骤 4：测定仓库空气温湿度 // 050
    3.2.5　步骤 5：调节与控制仓库温湿度 // 053
3.3　物资养护方法 // 057
    3.3.1　方法 1：物资防霉操作方法 // 057
    3.3.2　方法 2：物资害虫防治操作方法 // 059
    3.3.3　方法 3：金属物资防锈除锈操作方法 // 062
    3.3.4　方法 4：高分子物资防老化操作方法 // 065

3.4 在库物资质量控制步骤 // 066
    3.4.1 步骤1：分析在库物资质量变异原因 // 066
    3.4.2 步骤2：明确在库物资质量控制内容 // 067
    3.4.3 步骤3：掌握在库物资质量控制方法 // 068
    3.4.4 步骤4：做好日常在库物资质量检查 // 068
    3.4.5 步骤5：制定在库物资稽核制度 // 070
    3.4.6 步骤6：处理在库物资检验结果 // 072

第4章 物资盘点管理　　075

4.1 盘点前准备步骤 // 076
    4.1.1 步骤1：确定盘点日期 // 076
    4.1.2 步骤2：选择盘点方法 // 076
    4.1.3 步骤3：制订盘点计划 // 077
    4.1.4 步骤4：培训盘点人员 // 080
    4.1.5 步骤5：清理仓库物资 // 081
    4.1.6 步骤6：准备盘点工具 // 082

4.2 现场盘点步骤 // 084
    4.2.1 步骤1：分工 // 084
    4.2.2 步骤2：清点 // 084
    4.2.3 步骤3：填写 // 084
    4.2.4 步骤4：复盘 // 085

4.3 盘点结果处理步骤 // 085
    4.3.1 步骤1：统计盘点结果 // 085
    4.3.2 步骤2：核对盘点盈亏 // 086
    4.3.3 步骤3：处理盘点差异 // 086

第5章 仓库库存控制　　089

5.1 库存控制知识必备 // 090
    5.1.1 知识1：常见的库存类型 // 090
    5.1.2 知识2：库存的利与弊 // 090
    5.1.3 知识3：高库存与低库存 // 091
    5.1.4 知识4：缓冲库存 // 092
    5.1.5 知识5：周转库存 // 094

5.1.6 知识6：多余库存 // 095

5.1.7 知识7：零库存 // 096

5.2 库存控制方法 // 097

5.2.1 方法1：ABC分类法 // 097

5.2.2 方法2：定量订货法 // 097

5.2.3 方法3：定期订货法 // 099

5.2.4 方法4：双堆法 // 099

5.3 库存量控制步骤 // 100

5.3.1 订货量与订货周期控制 // 100

5.3.2 物资消耗定额管理 // 101

5.3.3 安全存量预警 // 102

5.4 呆废料处理方法 // 104

5.4.1 方法1：呆废料划分方法 // 104

5.4.2 方法2：呆料的预防与处理方法 // 105

5.4.3 方法3：废料的预防与处理方法 // 106

第6章 仓库设备管理　　108

6.1 认识搬运设备 // 109

6.1.1 设备1：搬运车辆 // 109

6.1.2 设备2：运输机 // 110

6.1.3 设备3：起重机 // 110

6.1.4 设备4：打包机 // 111

6.2 设备保管步骤 // 112

6.2.1 步骤1：货架保管 // 112

6.2.2 步骤2：托盘保管 // 113

6.3 设备检验步骤 // 114

6.3.1 步骤1：称量设备检验 // 114

6.3.2 步骤2：量具检验 // 117

6.4 设备养护方法 // 119

6.4.1 方法1：除湿机养护方法 // 119

6.4.2 方法2：除锈机养护方法 // 120

6.5 消防设备 // 121

6.5.1 设备1：灭火器 // 121

6.5.2 设备2：消火栓箱 // 123

6.5.3 设备3：消防水桶 // 124

第 7 章　物资出库管理　　　　　　　　　　　126

7.1 订单处理步骤 // 127

7.1.1 步骤1：明确订单核对要项 // 127

7.1.2 步骤2：审核物资出库订单 // 127

7.1.3 步骤3：处理订单核对异常 // 128

7.2 物资分拣与补货步骤 // 128

7.2.1 步骤1：物资分拣 // 128

7.2.2 步骤2：物资补货 // 130

7.3 物资包装步骤 // 132

7.3.1 步骤1：明确物资包装要求 // 132

7.3.2 步骤2：掌握包装标志与技术 // 132

7.3.3 步骤3：准备物资包装工具 // 145

7.3.4 步骤4：开展物资包装工作 // 147

7.4 成品出库步骤 // 148

7.4.1 步骤1：明确成品出库要求 // 148

7.4.2 步骤2：做好成品出库准备 // 150

7.4.3 步骤3：安排成品出库装车 // 151

7.4.4 步骤4：登记成品出库记录表 // 152

7.4.5 步骤5：编制成品出库报告 // 154

第 8 章　仓库安全卫生管理　　　　　　　　　　157

8.1 仓库安全管理制度 // 158

8.1.1 制度1：仓库作业安全制度 // 158

8.1.2 制度2：仓库消防安全制度 // 160

8.1.3 制度3：仓库防盗安全制度 // 163

8.1.4 制度4：仓库物资安全制度 // 165

8.2 仓库 6S 管理步骤 // 167

8.2.1 步骤1：明确仓库 6S 管理要点 // 167

8.2.2 步骤2：掌握仓库 6S 管理方法 // 168

8.2.3 步骤3：开展仓库 6S 工作 // 171

第9章 智能仓库管理　　174

9.1 智能仓库知识点 // 175
    9.1.1 知识1：智能仓库的构成 // 175
    9.1.2 知识2：自动化立体仓库 // 177
    9.1.3 知识3：托盘单元式自动仓库 // 179
    9.1.4 知识4：箱盒式自动仓库 // 180

9.2 智能仓库管理系统 // 180
    9.2.1 系统1：智能运输系统 // 180
    9.2.2 系统2：自动码垛系统 // 181
    9.2.3 系统3：自动分拣系统 // 181
    9.2.4 系统4：自动识别系统 // 183
    9.2.5 系统5：视频监控系统 // 184
    9.2.6 系统6：仓库管理系统 // 185
    9.2.7 系统7：仓储控制系统 // 188

参考文献　　189

第1章
仓库选址、布局与规划管理

1.1 仓库选址

1.1.1 确定仓库类别

在进行仓库类别划分时，可根据仓库经营类型、仓库用途与物资保管特性三个层面进行划分。

（1）按仓库经营类型分类

① 仓库主要经营类型。根据仓库的经营类型，仓库可以分为自用型仓库、公用型仓库、合同仓库三大类，按照经营类型划分的仓库特点说明如表1-1所示。

表1-1 按照经营类型划分的仓库特点说明表

仓库类型	特点	适用情况
自用型仓库	◆ 固定投资大，企业对库存的控制能力比较强，专用性较好 ◆ 涉及工业用地购买和基建投资	◆ 企业对仓储环境要求较高，库存周转量大且较为稳定 ◆ 对企业融资能力要求较高
公用型仓库	◆ 可以增强和体现物流系统的灵活性，又可以通过协议实现个性化服务要求，增强对库存或配送管理的控制能力 ◆ 固定资产投资较少，库存周转量的要求较低	◆ 企业对仓储环境要求较高 ◆ 普通物资，而且库存周转量小 ◆ 物资需求量波动剧烈，企业资金紧张时，适合使用公用型仓库
合同仓库	◆ 特性居于公用型仓库和自用型仓库之间。货主和仓库经营人之间签订长期协议，仓库设施和仓储管理的专用性比较强，服务对象专一，利用仓库经营人原有的库房设施，仓库经营人和货主共同承担经营中的风险	◆ 适用于企业要求较为独特、专用性较强，且货主对物资控制力要求较高的情况
混合方案	◆ 使用自用型仓库或合同仓库来满足企业年度的基本需求，同时在销售旺季时租用公用型仓库以应一时之需	◆ 企业对非关键性的产品，在进入一个新市场的时候，为避免大规模仓库建设所带来的投资压力，应租用公用型仓库，并陆续投建自用型仓库 ◆ 在市场波动频繁、市场成长空间有限的地区租用公用型仓库

② 仓库经营类型选择模型。企业可以根据上述各类经营方式的特点和适用情况，选择合适的经营方式。当企业的特点不是非常明显时，应当根据各类经营方式的运营成本，取成本较低者。

仓库经营类型选择的成本模型如图1-1所示。

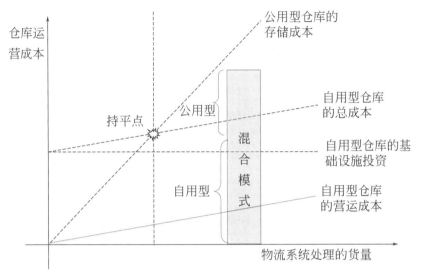

图1-1　仓库经营类型选择的成本模型

（2）按仓库用途分类

按照仓库用途的不同，仓库可以分为采购供应仓库、批发仓库、零售仓库、储备仓库、中转仓库、加工仓库、保税仓库等，仓库管理员应根据仓库的用途，选择合适的仓库类型。根据用途划分的仓库的用途及建设要求说明如表1-2所示。

表1-2　根据用途划分的仓库的用途及建设要求说明表

仓库类型	用途	建设要求
采购供应仓库	用于集中储存从生产部门收购的和供国际间进出口的物资	仓库库场一般设在物资生产比较集中的大、中城市，或物资运输枢纽的所在地
批发仓库	用于储存从采购供应库场调进或在当地收购的物资，从事批发供货和拆零供货业务	一般贴近物资销售市场，规模同采购供应仓库相比一般要小一些
零售仓库	主要用于为商业零售业做短期储货	一般提供店面销售，零售仓库的规模较小，所储存物资周转快

续表

仓库类型	用途	建设要求
储备仓库	一般由国家设置,以保管国家应急的储备物资和战备	物资在这类仓库中储存时间一般比较长,并且储存的物资会定期更新,以保证质量
中转仓库	处于物资运输系统的中间环节,存放那些等待转运的物资,物资仅作临时停放周转	一般设置在公路、铁路的场站和水路运输的港口码头附近,以方便物资在此等待装运
加工仓库	加工仓库具备产品加工能力	加工的物资会有一定延迟
保税仓库	针对国际贸易的需要	经过批准后,可以在保税仓库内对物资进行加工、存储等作业

（3）按物资保管特性分类

仓库每种物资均有其不同的保管特性，仓库管理员还可以根据保管物资的特性，设计不同的仓库类型，根据保管特性划分的仓库类型说明如表1-3所示。

表1-3 根据保管特性划分的仓库类型说明表

仓库类型	用途	备注
原料仓库	用来储存生产所用的原材料	这类仓库一般比较大
产品仓库	存放已经完成但还没进入流通环节的产品	一般附属于产品生产工厂
冷藏仓库	用来储藏需要进行冷藏储存的物资	一般多是农副产品、药品等对于储存温度有要求的物资
恒温仓库	用来储存对于储藏温度有要求的产品	
危险品仓库	用于储存可能对人体及环境造成危害的危险品	危险品对存储环境有特殊要求
水面仓库	用于存储圆木、竹排等能够在水面上漂浮的物资	应做好物资防损和防流失措施

1.1.2 制定仓库选址策略

在仓库选址前，需选用合适的策略，对选址问题进行分析。选址过程中，必须遵循以下三项原则。

① 费用原则。经济效益为最重要的考虑因素。

② 接近客户原则。仓库选址应尽量接近客户，以缩减运费，并提高对客户需求的反应速度。

③ 长远发展原则。选址工作要考虑到服务对象的分布状况及未来发展，给仓库扩容或发展预留一定的空间。

一般情况下，选址工作可以根据制造定位、中间定位、市场定位 3 项策略进行定性决策，具体策略如图 1-2 所示。

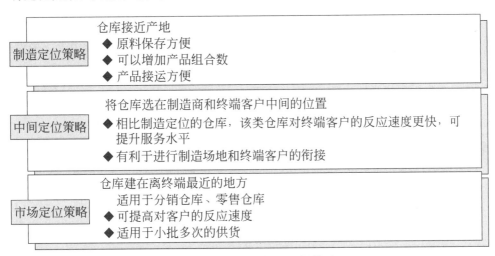

图 1-2 仓库选址定性选择策略

1.1.3 运用仓库选址方法

常用的仓库规划选址方法包括优缺点比较法、加权因素法、因次分析法、重心法等，下面对这些方法做出较为详细的说明。

（1）优缺点比较法

优缺点比较法是一种最简单的仓库地址选择分析方法，尤其适用于非经济因素的比较。当几个仓库选址方案在费用和效益方面比较接近时，非经济因素就可能成为考虑的关键因素，在这种情况下可采用优缺点比较法对若干方案进行分析比较。

（2）加权因素法

加权因素法是对设施的每项因素规定一个从 1 到 10 的权数，表示它的相对重要性，然后对每个因素用 ABCDE 进行分级评分（A＝4 分，B＝3 分，C＝2 分，D＝1 分，E＝0 分），对每个备选方案的各个因素进行优劣评级，完成之后用该项得分乘以它们各自的因素权数，并将每个方案各因素的得分加权汇总，就能得出每个方案的总分，加以比较。

在使用加权因素法时，应当注意本方法适用于各种非经济因素比较，运用本方法的关键是合理确定权数和等级，重要的是要征询决策者的意见。如果有若干个决策部门，则可取它们的平均值。

加权因素法可以分别用于地区选择和地点选择，也可以用于分级计分，即先后对若干地区方案和相应的地点方案分别进行计分，然后将地区得分和地点得分相加，按总分进行比较。

（3）因次分析法

因次分析法是把备选方案的经济因素（有形成本因素）和非经济因素（无形成本因素）同时加权并计算出优异性加以比较的方法。

因次分析法的具体步骤如表1-4所示。

表1-4　因次分析法的操作步骤说明表

步骤	具体措施
1	列出方案中需要比较的有形成本因素和无形成本因素，对有形成本因素计算出金额贴现值，对无形成本因素评出其优劣等级，按照从优到劣的顺序给以1、2、3、4的分值
2	按各成本因素的相对重要性，从重要到不重要的顺序给以4、3、2、1等加权指数
3	计算比较值：$R = \dfrac{备选地点A的优异性}{备选地点B的优异性} = \left(\dfrac{Q_{A_1}}{Q_{B_1}}\right)^{W_1} \left(\dfrac{Q_{A_2}}{Q_{B_2}}\right)^{W_2} \cdots \left(\dfrac{Q_{A_i}}{Q_{B_i}}\right)^{W_i} \cdots \left(\dfrac{Q_{A_n}}{Q_{B_n}}\right)^{W_n}$ R值小于1则表示地点A的成本低于地点B的成本，地点A优于地点B

（4）重心法

重心法适用于运输费率相同的产品，使求得的仓库位置离各个原材料供应点（或需求点）的距离乘以各点供应量（或需求量）之积的总和为最小。

重心法将各仓库地点抽象为地理坐标，并为每一段运输距离赋予一定的运输费率，那么在运营过程中，会产生从生产地到仓库、从仓库到需求地的两部分运输费用。

重心法在计算时，通过对两部分运输费用的相加，做出选址模型，并求出运输费用最低的位置，作为仓库的选址。

设有多个生产地 P_i 和需求地 M_i，各自均有一定量的物资需要以一定的运输费率运向位置为 X 的仓库（X位置待定），或从仓库运出，具体如图1-3所示。

以该点的运输量乘以到该点的运输费率，再乘以到该点的运送距离，求出上述乘积之和为最小的点，则为所求仓库的位置。即：

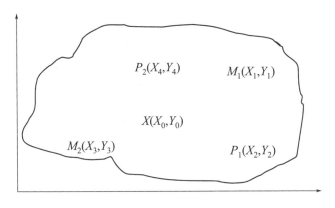

图 1-3　单一仓库与多个工厂及客户位置分布图

$$\min TC = \sum V_i R_i d_i \tag{1-1}$$

式中，TC 为总运输成本；V_i 为 i 点的运输量；R_i 为 i 点到仓库的运输费率；d_i 为从位置待定的仓库到 i 点的距离。

设：X_0、Y_0 为位置待定的仓库的坐标，X_i、Y_i 为产地或需求地的坐标。

距离 d_i 可以由下式估计得到：

$$d_i = K\sqrt{(X_i - X_0)^2 + (Y_i - Y_0)^2} \tag{1-2}$$

式中，K 为一个度量因子，用于将坐标轴上的一单位指标转换为更通用的距离度量单位，如公里。

将式（1-2）代入式（1-1）中，并分别求 TC 关于仓库坐标 X_0、Y_0 的一阶偏导数，并令其为零，这样可以得到两个方程式，解这两个方程，可以得到仓库位置的坐标值。

仓库选址 X 精确重心的坐标如下。

$$X_0 = \frac{\sum_i V_i R_i X_i / d_i}{\sum_i V_i R_i / d_i}, \quad Y_0 = \frac{\sum_i V_i R_i Y_i / d_i}{\sum_i V_i R_i / d_i}$$

将 d_i 代入上两式，计算出修正后的 X_0、Y_0 坐标，并根据修正后的坐标值求出修正后的 d_i，并不断重复上述计算过程，直至 X_0、Y_0 坐标不再变化或者变化较小时，即求得较为理想的仓库位置。

1.1.4　分析仓库选址影响因素

仓库选址过程中，应考虑经济因素、客户因素、自然因素、社会因素等多种因素，根据各类因素的存在形式，可将其分为内部和外部两类。一般情况下，仓库选址过程中需考虑的因素如表 1-5 所示。

表 1-5　仓库选址相关因素一览表

因素类型	影响因素	应对策略
内部因素	企业经营方针和决策	需要根据企业的经营方针和政策选定仓库的位置、性质以及建设形态
	仓库的经费和仓库技术	确定仓库位置之前,应根据客观条件和企业具体经营情况,分析建设成本,同时结合技术水平的高低及未来的理想状态进行有效选择
	物料装卸堆放的方便程度	为有效地衔接各作业环节,提高整体工作效率,选址时应考虑物料装卸、堆放是否方便
	运输车辆周转和废弃物处理	在仓库选址过程中考虑运输车辆出库的等待时间和行驶路线是否存在障碍,是否能有效地处理废弃物等
外部因素	城市道路规划	考虑所在城市的规划及未来发展,是否有利于建立仓库;了解所在地的公路和铁路未来规划,根据这些运输条件就近建立仓库
	运输费用及交通设备	确定最理想的运输路线、运输时间,以降低运输成本,提高运输效率
	资源供应情况	调查给排水是否方便,电力供应和其他所需能源供应是否方便和充足
	劳动力可获性与费用	应考虑仓库所在地的劳力供给状况,并衡量当地的劳力费用,以降低仓储管理成本
	客户状况	需要考虑客户的距离远近,尽量接近更多的客户,以便及时服务,同时考虑客户对物流服务的需求状况
	气候条件	应考虑仓库所在地的空气湿度、温度等自然条件,并考虑所在地的水资源供给状况等,是否符合仓储条件
	其他因素	包括国土资源利用、环境保护要求和周边状况;仓库是火灾重点防护单位,不宜设在易发火灾的工业设施附近,也不宜选在居民住宅区附近

1.1.5 确定选址结果

仓库管理员在确定上述信息后,需要根据其内容确定选址结果,其具体步骤如图 1-4 所示。

图 1-4　仓库选址步骤图

(1) 仓储信息调研

① 仓库管理员通过走访本地区客户,了解该地区的主要消费群体分布;通过实地考察,了解该地区的交通状况,并在地图上特别标注货车禁行路段、设收费站的路段等。

② 仓库管理员调研当地主要的仓储公司及中转仓分布位置,并作出标记。

③ 仓库部根据本企业实际情况及选址调研结果,应将仓库分为重点库、一般库、备选库三个级别,选址的主要精力放在重点库选址上,兼顾一般库选址,保持与条件较好的备选库的联系。

④ 仓库主管根据公司发展目标及规划,根据本地区环境及经济特点制订物流系统的基本计划,确定仓库选址所需要了解的基本条件,制定物流仓储建设规划书。

⑤ 由仓库管理员策划设计仓储业务类型,根据市场调研及公司经营计划预测业务量,编制费用预算及整理客户资料,为仓库的建设选址提供理论依据。

(2) 确定仓库选址筛选标准

仓库管理员应当确定仓库选址的筛选标准,具体的标准如表 1-6 所示。

表 1-6　仓库选址筛选标准一览表

选址类别	据生产场地距离/km	安全状况、交通状况、房屋机构、作业场地等条件标准	价格	面积/m²	增租面积/m²
重点库	____内	优	适中	____	____
一般库	____内	良	较高	____	____
备选库	____内	一般	低	____	____

（3）对比评估

仓库管理员对仓库选址的目标地址进行对比评估，一般情况下应做财务评估、物流评估、安全评估等，具体的评估要点如表1-7所示。

表1-7 对比评估表

评估内容	具体内容
财务评估要点	◆ 对仓库产权资料一项中的仓储产权、土地证、营业执照、消防证等资质资料进行评估
物流评估要点	◆ 对仓库备选址基本情况、作业条件、交通情况中的交通线路、交通便利性进行评估 ◆ 对仓库备选址交通情况一项中的到仓库的距离、到主要干道的距离、到主要消费群体的距离等综合因素进行评估
安全评估要点	◆ 对仓库及周边环境安全情况进行评估

（4）仓库选址调研分析

① 仓库管理员根据市场调研，确定目标仓库选址，根据费用原则、接近客户原则及长远规划原则对其进行各项目分析。

② 仓库管理员根据对本地区市场情况的调查及相同规模企业业务量的统计分析，掌握本公司的业务量，包括工厂到仓库的运输量、客户需求、仓库预计最大容量、运输路线的最大业务量等信息。

③ 根据物资业务种类及市场调查数据，对目标选择的仓储的各种费用作出成本分析预算，成本内容包括设备费用、土地费用、运输费用和人工费用。

④ 仓库选址过程中，会包括多种约束条件，仓库管理员应对这些约束条件进行分析。

（5）仓库选址确定

① 仓库管理员通过加权因素法、重心法、优缺点比较法等方法，确定仓库的最后选址。

② 仓储部组织财务部、项目部、仓储部等部门人员对选址报告进行评审，由仓库主管编制"仓库选址报告"，报仓储部经理审核，报仓储部总监及总经理审批通过后，开展与场地租售房的谈判签约工作。

③ 仓库管理员负责对仓储选址相关资料进行整理与存档。

1.2 仓库布局

1.2.1 仓库总平面布置

仓库总平面布置是根据仓库的总体设计,科学、合理地对库区、生活区、业务场所、辅助业务场所、生活区办公场所以及生活场所和其他设施进行具体布置,其目的是充分利用存储空间、提高存货的安全性、有效利用搬运设备、提高仓库的运作效率和服务水平。

具体的仓库平面区域应当分为以下 4 个区域,具体如表 1-8 所示。

表 1-8 仓库平面区域一览表

大区	区域	功能说明
库区	备货区	又称栈板区、囤货区域,需要放置大量的物资及一些不适合上架管理的物资,根据产品备货周期或生产周期,决定本区域的空间大小
	货架区	又称拣货区、物资存储区域和订单拣货区域,采用托盘和叉车管理模式,根据仓库库存单位(SKU)数决定区域大小
业务区	收货检验区	该区域为物资入库的第一站,降低经营成本,减少不必要的损失,物资先质检后入库,不合格产品退回厂家或做其他处理,设置在仓库的门口处,并根据采购规模来设置该区域的大小,根据产品属性决定是否要设置专用卸货台
	出库检验区	物资出库前的审核及赠品放置区域,根据流水线作业人数决定区域大小,考虑到促销活动时加派作业人数而需预留弹性扩充区域
	退货区	质检不合格的产品放置区域,等待相关人员处理
	包装区	出库审核后的订单或领料单被送到该区域进行包装工作,根据产品包装属性和员工效率配置空间,同样考虑到促销活动时加派作业人数而需预留弹性扩充区域
	出库暂存区	物资在此进行出库暂存、清点,并办理出库手续

续表

大区	区域	功能说明
办公场所	办公区	进行订单处理、信息传递、单据清点及存储等的办公场所
	控制室	对仓库设备、机械进行控制的地方,此处还经常设置信息系统设备
	维修场所	对仓库设备、物资进行维修的场所,还是存储维修工具和设备的区域
辅助生活区	更衣室	作业人员在此更换作业服并穿戴防护用品
	休息室	作业人员进行休息的场所

仓库的总平面布局图需要根据企业具体物资特性进行布局,某企业仓库平面布局如图 1-5 所示。

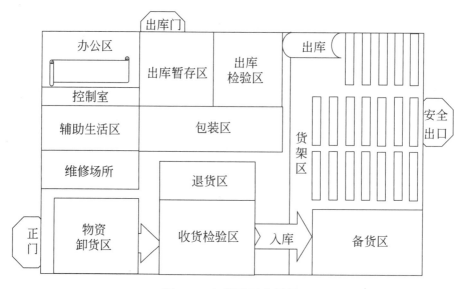

图 1-5 仓库平面布局图

1.2.2 仓库竖向布置

仓库竖向布局,是确定仓库建筑物上的标高(高程)界限。

仓库管理员在进行仓库竖向布局时,应考虑仓库所在地的各种影响因素,如库房、货场、运输线路、排水、供电等因素在地面标高线上的相对位置。

仓库竖向建设时应因地制宜,库区平坦则直接进行建设,库区自然起伏时,则将库区所在地地形加以适当改造，使之满足库区各建筑物、库房和货场之间的装卸运输要求，并合理解决场地排水问题。

1.2.3 仓库供给与排水布置

仓库管理员在设计仓库的供给与排水时，主要考虑生活用水和消防用水两个因素。库区的排水需要处理好以下两个问题。

① 防洪问题，防止库外洪水冲淹仓库。

② 库区场地排水问题，即生活污水和雨水排出库外。

仓库管理员在设计供给、排水管道在地下铺设埋入的深度时，主要根据库区所在地的气象条件和库区环境确定。应对北方天气，应深埋管道以防冻；南方应浅埋管道，但应加固防压坏。

仓库管理员在设计消防用水排水时，可将水排出至室外雨水管道；当需排出的水存有少量可燃液体时，在排水管道中应设置水封设施，使其可间接排入室外污水管道；地下室内设置的消防排水设施宜与地下室内其他废水排水设施共用，减少使用面积与资金投入。

1.2.4 搬运与库区布置

物资在仓库的运输通道，是从入库、保管到出库的场所，实现从库区一端入库，在中间部位保管，从另一端运出的过程。

在进行搬运与库区设计时，应减少物流交叉，尽量避免迂回搬运，可以减少出入库移动距离，充分利用储存空间，缩短作业时间，提高生产效率。

库区搬运宽度设计需考虑托盘尺寸、物资单元尺寸、搬运车辆型号及转弯半径的大小、物资堆存方式、车辆通行方式等。

库内作业通道用于装卸搬运设备行驶，其宽度视装卸设备类型而异。仓库收发货场地的面积要保证一次收发货批量检验时所需的面积。一般利用主通路作为收发货场地时，不需要另外开辟场地。

库区通道设计宽度计算如下。

① 最小通道宽度计算。设最小通道宽度为 B，安全间隙为 C，运输设备宽幅为 b，则最小宽度计算公式为：$B=2b+C$。

② 根据经验，一般根据搬运设备设定的通道宽度如下：手推车搬运为 $2 \sim 2.5 \mathrm{m}$，小型叉车搬运通道宽度为 $2.6 \sim 3.5 \mathrm{m}$，汽车的单行通道为 $3.6 \sim 4.2 \mathrm{m}$。

③ 一般情况下人工存取货架间宽度为 $0.9 \sim 1 \mathrm{m}$，货堆间过道宽度为 $1 \mathrm{m}$ 左右。

1.3 库区与货位规划方案

1.3.1 库区规划方案

仓库管理员确定仓库选址与仓库布局后,需要对仓库内部结构进行设计,设计库区时需要对库区的通道、分区管理和货架做出具体规划,以合理利用仓库空间、提高工作效率。下面是一则库区规划方案。

方案名称	库区规划方案	编　号	
		受控状态	

一、目的

为了有效利用仓库的存货能力和周转物资的速度,使仓库仓容利用率最大化,必须对仓库区域进行合理使用规划,进行分区分类、专业化分工、储存和作业划分,提高仓库的效率和能力,促进仓库效率的提高。

二、库区规划原则

仓库管理员在进行库区规划过程中需要遵循以下6条原则。

1. 符合作业流程。
2. 减少搬运距离。
3. 减少无效工作。
4. 合理利用空间。
5. 安排配套设施。
6. 注重仓库安全。

三、库区通道设计

仓库通道的设计要求是保证物资能够有效存取,搬运及装卸设备能够正常地运作,电梯、防火设施及服务区的设备便于使用。

1. 工作通道。

工作通道应优先设计,其作为物资放入或移出存储区的通道,可分为主要通道及交叉通道。

主要通道通过库房中央,且尽可能直通,使其两端在出入口,同时连接主要交叉通道约3~4.5m。

2. 电梯通道。

电梯通道作为物资出入电梯的通道,要根据电梯位置设置,接近工作通道。

3. 设施通道。

设施通道是公共设施、消防设施等装置的进出通道,应根据公共设施及消防设施的位置设置。

4. 人行通道。

人行通道和服务通道要最后设计,人行通道是便于仓库工作人员进出的特殊区域,在必要的情况下设计,尽量减少所占面积及其对主要通道的影响。

5. 服务通道。

服务通道是为存货或检验提供大量物资进出的通道，设计时应尽量维持最小数目及占用面积，减少对主要通道的影响。

四、库区布置

仓库管理员将仓库通道设计好后，还须根据仓库作业的需要，将库区划分为待检区、待处理区、合格品储存区及不合格品隔离区，以放置处于不同状态的物资。各储存区域的作用与布置要求如下表所示。

仓库存储区域布置

仓库区域	标志颜色	作用	位置要求
待检区	黄色标志	暂时存放处于检验过程中的物资	在仓库入口附近，便于物资的卸载及检验
待处理区	白色标志	暂时存放不具备验收条件或质量暂时不能够确认的物资	在仓库入口附近，紧挨待检区，以方便对物资进行检验
合格品储存区	绿色标志	保存质量合格的物资	仓库的主要存储区域
不合格品隔离区	红色标志	暂时存放质量不合格的物资	在仓库的出口附近，便于物资搬运

仓库内除需要设置上述基本区域外，还可以根据仓储业务的需要，在仓库内设置卸货作业区、流通加工区和出库备货区等。

五、货架布置

仓库货位的布置方法主要有横列式、纵列式与混合式等五种，仓库管理员需要根据企业具体物资特点进行选择，可选择单一模式或混合模式。

1. 横列式，即货垛或货架与库房的宽向平行排列，货垛整齐美观，存取查点方便，通风采光良好。

2. 纵列式，即货垛或货架与库房的宽向垂直排列，仓容利用率高，主干道存放周转期短的物品，支干道存放周转期长的物品。

3. 混合式，即将横列式与纵列式混合在同一个库房布局。

4. 货垛倾斜式，即货垛或货架与库房的宽向成一定角度排列，便于叉车作业，提高作业效率。

5. 通道倾斜式，是指仓库的通道斜穿保管区，把仓库划分为不同特点的区域，使货位和进出库路径较多。

执行部门		监督部门		编修部门	
执行责任人		监督责任人		编修责任人	

1.3.2 货位规划方案

仓库管理员进行货位规划时,要尽量对货位合理规划,将一个确定的面积规划出最大的储存空间,同时对货位进行编号,将货物标签贴在显眼的位置,方便仓库管理员进行查找。下面是一则货位规划方案。

方案名称	货位规划方案	编　号	
		受控状态	

一、目的

为提高仓库货位规范化管理水平,满足物资存储要求及作业要求,减少补货人员数量,平衡操作者的工作量,缩减作业周期,改善工作流程,提高仓库及设备利用率,特制定此方案。

二、货位规划原则

仓储管理员在进行货位规划时主要遵循以下原则。

1. 货位布置要紧凑,提高仓容利用率。
2. 便于收货、发货、检查、包装及装卸车,灵活合理。
3. 堆垛稳固,操作安全。
4. 通道流畅便利,叉车行走距离短。

三、货位的空间布局

空间布局是指库存物资在仓库立体空间上布局,充分利用仓库空间,主要形式有以下5种。

1. 地面平放式:将保管物品直接堆放在地面上。不规则物资或体积巨大物资适用此类方式。
2. 托盘平放式:将保管物品直接放在托盘上,再将托盘平放于地面。需要防潮防湿的不规则物资或体积巨大物资适合此类方式。
3. 直接堆放式:将物资在地面上直接码放堆积。一般规则物资适合此类方式。
4. 托盘堆码式:将物资直接堆码在托盘上,再将托盘放在地面上。需要防潮防湿的规则物资适合此类方式。
5. 货架存放式:将物资直接码放在货架上。形状规则、流通周期慢的物资适合此类方式。

四、货位编号

1. 对仓库、货场货位、段位、通道、货架、列数、层数进行编号,编号位数的多少依据货位多少而定。
2. 通道编号一般采用英文字母,其他的采用阿拉伯数字。
3. 通道编号、货架编号、列数、层数应用醒目的字体制成标牌(签),悬挂、粘贴在相应位置。
4. 货位编号的方法有5种,具体如下所示。

(1)地址编号法。利用库区现成的参考单位如建筑物楼号、区段、排、行、格等相关顺序编号。

(2)区段编号法。把储存区分成几个区段,再对每个区段进行编号。

(3)品项群编号法。把一些相关性物资经过集合后区分成几个品项群,再对每个品项群进行编号。

(4)三号定位法。采用3个数字号码对应仓间、楼层、库房进行统一编码。

(5)四号定位法。采用4个数字号码对应库房(货场)、货架(货区)、层次(排次)、货位(垛位)进行统一编码。

五、注意事项

在进行货位布置过程中,应注意以下4点。

1. 根据物资的储备定额决定货位。

为了保证物资有足够的存储空间,仓库管理员需要根据物资储备定额,规划其在仓库中的货位。对于储备定额量较大的物资,应该规划出较大货位对其进行存放;对于储备定额量较小的物资,可以适当地减少存储货位。

2. 根据物资的使用频率确定货位。

为了加快物资的流转速度,对于那些使用频率较高、周转速度较快的物资,应该将其货位确定在距离仓库进出口较近、便于装卸及搬运的位置;而对那些使用频率低的物资,可以将其货位确定在仓库的中央。

3. 根据物资的保管要求划分货位。

为了方便物资的保存及养护,仓库管理员可以根据物资的保管要求对物资的货位进行划分,将需要相同的温湿度、保养方法以及灭火方法的物资进行分类保存。

4. 根据物资分类目录规划货位。

为了便于仓库中储存物资的管理,仓库管理员可以根据物资的分类目录对其货位进行规划。例如,对建筑材料仓库货位进行规划时,可以按照存储物资的属性将其分为五金交电水暖类、化工(油漆)铝钢材类、板(木)材建材(包括瓷砖)类、手动工具和机具及配件类、日杂防护劳保用品类等,并对其进行分类保存。

执行部门		监督部门		编修部门	
执行责任人		监督责任人		编修责任人	

第 2 章
物资入库管理

2.1 物资接货步骤

2.1.1 步骤1：划分位置

仓库管理员在确定物资的存放位置时，要综合考虑仓库的类型、规模、经营范围、用途，以及物资的自然属性、保养方法等。常见的划分物资存放位置的方法有5种，具体内容如表2-1所示，仓库管理员需要根据物资的实际情况选择存放物资的方法。

表2-1 划分物资储存位置的方法

方法	具体说明
按物资的种类和性质分类储存	按物资的种类和性质分类储存，是大多数仓库采用的分区分类储存方法。它要求按照物资的种类及性质，将其分类存放，以便于物资的保养。将存储、保养方式相同的物资放置在同一区域，而将互相影响或保养条件相抵触的物资分开储存
按物资的危险性质分类储存	这种分类储存方式主要用于储存危险品的特种仓库，它按照物资的危险性质，对易燃、易爆、易氧化、有腐蚀性、有毒害性、有放射性的物资进行分开存放，避免相互接触，防止燃烧、爆炸、腐蚀、毒害等事故的发生
按物资的归属单位分类储存	这种分类储存的方法主要用于专门从事保管业务的仓库。根据物资所属的单位对其进行分区保存，可以提高物资出入库时的作业效率，同时也减少差错的发生
按物资的运输方式分类储存	这种分类储存方法主要用于储存期短，而进出量较大的中转仓库或待运仓库。它依据物资的发运地区及运输方式进行分类保存。具体做法是先按运输方式把物资划分为公路运输的产品、铁路运输的产品、水路运输的产品，再按到达车站、港口的路线分别储存
按物资存储作业特点分类储存	根据物资储存作业时具体的操作方法，将物资分类储存。例如，将进出库频繁，需严格按照"先入先出"的规律储存的物资存放在车辆进出方便、装卸搬运容易、靠近库门的区域，而将储存期较长、不需"先入先出"的物资，储存在库房深处或多层仓库的楼上

2.1.2　步骤2：整理区域

确定物资的具体存放位置后，仓库管理员还需要对相应区域做适当的整理工作，从而便于物资的存放及保养。

（1）确定存放场地

仓库管理员在接到物资入库通知后，需要根据物资数量、类型、储存方式确定好存放场地，确定此环境适宜物资存放。

（2）腾出存放空间

仓库管理员要根据入库物资的品种、数量等，结合物资的存放方式，计算出该批物资占用仓储的面积，并在仓库中提前腾出足够的仓储面积，以便于物资的摆放。

根据物资计量方法的不同，其存储空间计算可以分别采用3种方法，计算物资堆码空间、计件物资堆码空间、上架物资摆放空间具体内容如表2-2所示。

表2-2　储存空间计算的3种方法

计算方法	计算公式	适用范围
计重物资堆码空间	堆码商品占用面积(m^2) $= \dfrac{商品到货质量(t)}{该种货物的仓储定额(t/m^2)}$	计重物资可以根据仓储定额计算
计件物资堆码空间	堆码商品占用面积(m^2) $= \dfrac{入库总件数}{允许堆码层数} \times 单件商品底面积(m^2)$	用于计算有外包装的计件物资的堆码占用面积
上架物资摆放空间	商品所占货位 $=$ 单个商品所占货位$\times$商品数量	用于计算放置于货架上的物资的堆码占用面积

（3）做好现场清洁

对于腾出的存放空间，仓库管理员还需要对其进行细致的清洁，以保证物资在搬运及储存过程中的安全。

2.1.3　步骤3：安排接货

（1）安排接货顺序

在收到接运通知单时，仓储管理员就要安排人员去接货。在物资入库的高峰期，因每天会有大量的物资运到，仓库接货人员、装卸人员应该按照一定顺序及时间进行接货。

仓库管理员不能只按照接到接运通知单的顺序依次接货，而应该综合考虑图 2-1 所示的 3 个因素，合理安排接货顺序。

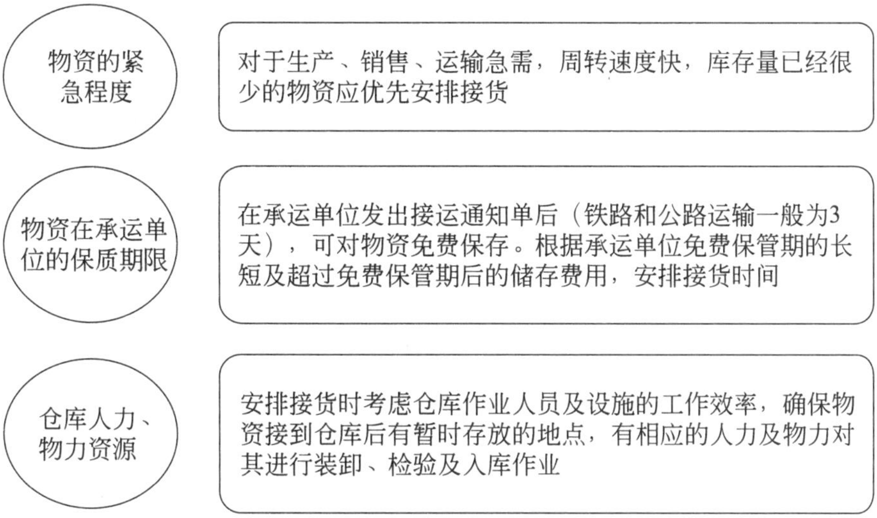

- 物资的紧急程度：对于生产、销售、运输急需，周转速度快，库存量已经很少的物资应优先安排接货
- 物资在承运单位的保质期限：在承运单位发出接运通知单后（铁路和公路运输一般为3天），可对物资免费保存。根据承运单位免费保管期的长短及超过免费保管期后的储存费用，安排接货时间
- 仓库人力、物力资源：安排接货时考虑仓库作业人员及设施的工作效率，确保物资接到仓库后有暂时存放的地点，有相应的人力及物力对其进行装卸、检验及入库作业

图 2-1　安排接货应综合考虑的 3 大因素

（2）处理接货问题

在接货过程中，有可能会遇到错发、混装、漏装、丢失、损坏、受潮和污损等情况。面对这些情况，仓库管理员要先确定问题产生的原因，并要求责任单位做出合理赔偿。

① 确认问题发生的原因。接货人员与承运单位对接，发现物资丢失、短少、变质、污染、损坏时，应首先核对承运单位提供的运输记录，以确定问题发生的原因。运输单位提供的运输记录主要有货运记录及普通记录 2 种。

a.货运记录。货运记录中包括：物资名称、件数与运单记载是否相符；物资是否被盗、丢失或损坏；物资是否污损、受潮、生锈、霉变；或其他物资问题等方面的内容。它表明承运单位负有事故责任，收货单位可以据此索赔。

b.普通记录。普通记录是承运单位开具的一般性证明文件，不具备向承运单位索赔的效力，但可以作为收货人向发货人交涉处理的依据。

通常情况下，因不可抗力而造成的损失，因物资本身的自然属性造成的损失或者合理损耗，因托运单位及其押运人的过错而造成的损失，这三种原因承运单位是不负赔偿责任的。

② 签收物资。确认物资情况与运输记录的内容相符后，接货人员应在运输

记录中的"收货人"栏内签名,并领取运输记录的货主联。

③ 申请赔偿。向承运单位申请赔偿是有一定时间限制的。通常情况下,自领到货运记录的次日起 180 日内,收货单位可以向物资到达站或发出站提出赔偿。

a. 赔偿的方式。根据物资是否办理了保价及保险,承运单位的赔偿方式有 3 种,如图 2-2 所示。

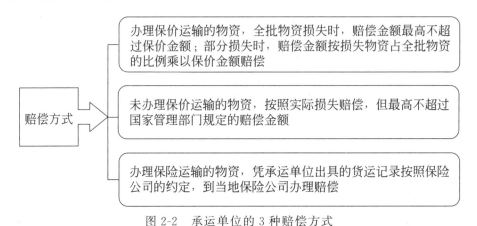

图 2-2　承运单位的 3 种赔偿方式

b. 赔偿的手续。在办理索赔手续时,需向承运单位提供物资运单原件、货运记录原件、赔偿要求书、与该事故有关的其他证明文件。其他证明文件包括货票报销联、证明物资价值的有关材料、物品清单、领货凭证、事故物资鉴定书等。

c. 赔偿要求书的填写。填写赔偿要求书时,应该注意以下 5 点。

填写内容准确、清楚,尽量做到无涂改。

填写内容发生涂改时,须在涂改处加盖索赔人印章。

"提赔单位名称或姓名""提赔单位(公章)、姓名(名章)"栏的内容必须与物资运单记载的收货人或托运人相符。

委托他人代理时应有委托书或委托证明。

结算银行名称与账号必须填写完整,领款地点与通信地址一致,并注明邮政编码。

2.1.4　步骤 4:装卸搬运

物资的装卸作业不仅仅只存在于物资的入库阶段,而且与仓储作业各个环节密切相关。装卸是指物资发生的垂直方向为主的位移,而搬运则是指物资发生的短距离水平方向的位移。

在一般情况下，装卸与搬运是同时进行的，即物资在空间上发生绝对垂直位移或水平位移的情况极少，多数是两者的重合，有时以垂直位移为主，有时以水平位移为主，有时是两者同时或交替进行。

（1）装卸搬运工具类型

装卸设备按其结构特点可分为起重机械、输送机械、装卸搬运车辆、专用装卸机械4类。其特点如表2-3所示。

表2-3 装卸搬运工具分类

设备类型	主要作用	特点	常见设备
起重机械	垂直升降物资或兼作物资的水平移动，以满足物资的装卸、转载等作业要求	具有较大的负载，适合搬运体积大、重量沉的物资	轻小型起重机、桥式类型起重机、门式起重机和装卸桥、臂架类型（旋转式）起重机、堆垛起重机
输送机械	以连续的方式沿着一定的线路从装货点到卸货点均匀输送物资的机械	能够连续、循环运作，运动速度高、稳定，消耗功率小，但是输送线路固定，输送物资有局限性，通用性差	带式输送机、斗式提升机、悬挂输送机械、埋刮板输送机、螺旋输送机、滚柱输送机
装卸搬运车辆	实现物资的水平搬运和短距离运输、装卸	机动性好，实用性强，被广泛地用于仓库、港口、车站、货场、车间、船舱、车厢内和集装箱内作业	叉车、搬运车、牵引车和挂车、手推车等
专用装卸机械	带专用取物装置的起重、输送机械或工业车辆	一般进行装卸作业	装载机、卸载机、翻车机、堆取料机

（2）选择装卸搬运工具

物资到货后仓库管理员应选择恰当的工具对物资进行装卸及搬运，从而达到缩短装卸搬运时间，提高仓储作业的效率，并节省仓储费用的目的。

仓库管理员可从仓库构造及物资特点两个方面选择搬运工具。

① 根据仓库构造选择装卸搬运工具。根据仓库的设计及构造，仓库管理员需要选择不同的装卸搬运方法及用具，具体情况如表2-4所示。

表 2-4　装卸搬运方法及设备的选择

场所		装卸方式	装卸用具	装卸对象
仓库内	高站台	人力装卸	无	少量物资
		利用搬运装卸、机器装卸	手推车、手车、搬运车、手推平板车、电动平板车、带轮的箱式托盘	一般物资、托盘物资
		输送机装卸	动力式输送机	箱装物资、瓦楞纸箱
	低站台	叉车装卸	叉车+侧面开门的车身	托盘物资
			叉车+托盘等带移动装置的车体	
		输送机装卸	动力式输送机	箱装物资、瓦楞纸箱
仓库外		人力装卸	和重力式输送机并用	一般杂货
		机械装卸（利用卡车上装设的装卸机械）	卡车携带小型吊车	机械类托盘物资、建筑材料
			自动升降板装置	桶罐、储气罐式小型搬运车或带轮箱式托盘物资和手推平板车的组合

② 根据物资特点选择装卸搬运工具。根据物资自身的重量、尺寸、形状、数量等物理特征，仓库管理员要对其采用不同的装卸搬运工具及方法，具体情况如表 2-5 所示。

表 2-5　装卸搬运方法及工具的选择

物资类型	物资特点	工具及方法
成件包装的物资	成件包装的物资一般是指每件质量不超过 50kg，体积不超过 0.5m³ 的物资。它的包装形式有软包装、半硬包装、硬包装 3 种，一般贵重、易碎的物资都采用成件包装	可选用人工装卸，利用各种手推车、人工操作的胶带输送机、固定吊杆和搬运车及各种移动式叉车等
长、大及重的物资	长、大及重的物资主要包括大型设备、集装箱等，它们一般多装在敞车和平车上进行运输，并保管在露天场地或大型仓库内	可采用起升质量为 3t、5t、10t 及以上的移动式起重机，如轮胎式、汽车式、履带式、轨道式起重机，同时配备各种器具，也可使用 3~5t 大型叉车，作业量较大时，可采用龙门起重机和桥式起重机

续表

物资类型	物资特点	工具及方法
罐装物资	一般以油罐车装载进库的油料和桶装油料为主,它们会挥发出有毒气体,并有燃烧及爆炸的危险	一般采用电动离心式油泵或油泵管路系统对其进行装卸。对于桶装油料,可用各种带桶夹的移动式起重机或叉车对其进行装卸及搬运
散装物资	散装物资,主要包括水泥、矿石等未进行分装的物资	可采用备有自动抓斗的起重机、刮板机、高站台输送机等
危险品	主要指化学品、压缩气体、易燃液体等危险品	可对其先进行成件包装,然后再使用各种设备对其进行装卸搬运

2.2 物资验收步骤

2.2.1 步骤1:核对证件

物资运抵仓库后,仓库管理员应该首先核对物资的各种凭证,以确认物资是否送错,并为接下来的验收工作提供依据。

(1)证件核对内容

仓库管理员需要核对的证件,按照提供主体的不同,可以分为以下3种类型,具体如图2-3所示。

(2)证件核对方法

在核对凭证时,仓库管理员要先对上述证件记录内容进行核实,然后再根据这些证件上所示的内容对物资进行逐项核对。

① 进行证证核对。仓库管理员在对证件进行核对时,要按照物资运送的过程,对相应证件进行分类整理,然后根据证件之间的相关性,核对各种证件的真实性及准确性。

② 进行物证核对。仓库管理员还要对证件与物资进行核对,根据证件上所列的送货单位、收货单位、物资名称、规格数量等具体内容,与物资各项标志核对。

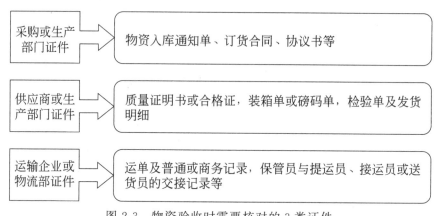

图 2-3 物资验收时需要核对的 3 类证件

2.2.2 步骤 2：验收数量

对物资数量进行验收时，主要包括物资数量验收及物资重量验收 2 种，具体验收的项目包括毛重、净重、容积、面积、件数、体积、长度等。

对计件的物资，仓库管理员要对物资的数量进行清点。清点时，可以采用逐件点数法、集中堆码点数法、抽检法及重量换算法等方法，具体内容如表 2-6 所示。

表 2-6 数量验收的方法

方法名称	具体内容	适用物资
逐件点数法	采用人工或简易计算器，逐一计数，累计以得出总数	一般适合散装的或非定量包装的物资
集中堆码点数法	将物资按照每行、每层件数一致的原则，堆成固定的垛形，然后通过计算得出总数	花色品种单一、包装大小一致、数量大或体积较小的物资
抽检法	按一定比例对物资进行开箱点数	批量大、采用定量包装的物资
重量换算法	通过过磅，称得物资重量，然后换算成该物资的数量	包装标准，且重量一致的物资

2.2.3 步骤 3：验收质量

对物资质量的验收应该与物资数量的验收同时进行。仓库管理员对物资质量的验收主要是检验物资的外观质量，而产品的内在质量则由生产厂家保证或由专业的质量检验机构检验。

（1）检验物资包装

物资包装的完整程度及干湿状况与内装物资的质量有着直接的关系。通过对包装的检验，能够发现在储存、运输物资过程中可能发生的意外，并据此推断出物资的受损情况。

因此，在验收物资时，仓库管理员需要对包装进行严格验收，下面是4类常见的问题现象，如图2-4所示。

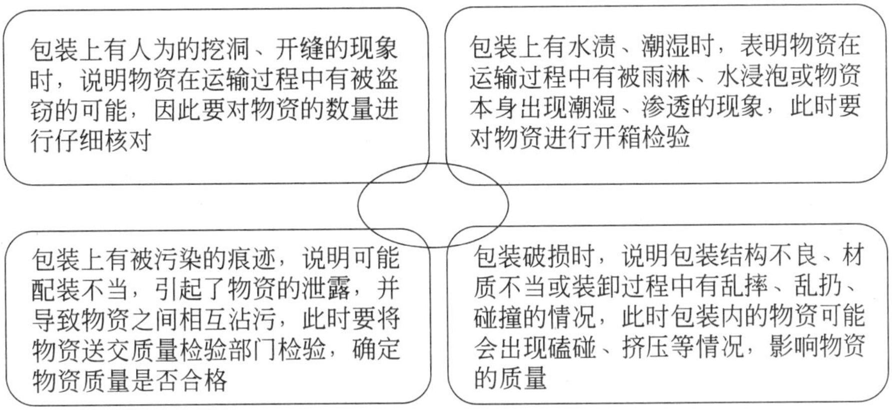

- 包装上有人为的挖洞、开缝的现象时，说明物资在运输过程中有被盗窃的可能，因此要对物资的数量进行仔细核对
- 包装上有水渍、潮湿时，表明物资在运输过程中有被雨淋、水浸泡或物资本身出现潮湿、渗透的现象，此时要对物资进行开箱检验
- 包装上有被污染的痕迹，说明可能配装不当，引起了物资的泄露，并导致物资之间相互沾污，此时要将物资送交质量检验部门检验，确定物资质量是否合格
- 包装破损时，说明包装结构不良、材质不当或装卸过程中有乱摔、乱扔、碰撞的情况，此时包装内的物资可能会出现磕碰、挤压等情况，影响物资的质量

图2-4 物资包装常见的4类问题现象

对物资包装的检验是对物资质量进行检验的一个重要环节。通过物资包装的好坏可以有效地判断出物资在运送过程中可能出现的损伤，并据此制定对物资的进一步检验措施。

（2）验收外观质量

对物资包装的检验只能判断物资的大致情况，对物资的外观质量进行检验也必不可少。物资外观质量检验的内容包括外观质量缺陷，外观质量受损情况及受潮、霉变和锈蚀情况等。

对物资外观质量的检验主要采用感观验收法，这是用感觉器官，如视觉、听觉、触觉、嗅觉来检查物资质量的一种方法。它简便易行，不需要专门设备，但是有一定的主观性，容易受检验人员的经验、操作方法和环境等因素的影响，具体如图2-5所示。

对于不需要进行进一步质量检验的物资，仓库管理员在完成上述检验并判断物资合格后，就可以为物资办理入库手续了。而对于那些需要进一步进行内在质量检验的物资，仓库管理员应该通知质量检验部门，对产品进行质量检验。待检验合格后才能够办理物资的入库手续。

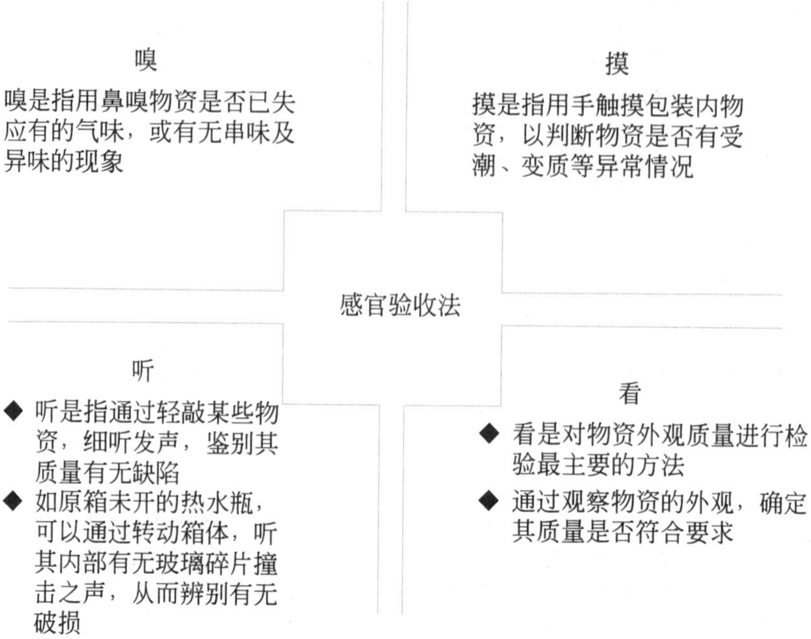

```
              嗅                                         摸
   嗅是指用鼻嗅物资是否已失              摸是指用手触摸包装内物
   应有的气味，或有无串味及              资，以判断物资是否有受
   异味的现象                              潮、变质等异常情况

                          感官验收法

              听                                         看
   ◆ 听是指通过轻敲某些物                ◆ 看是对物资外观质量进行检
     资，细听发声，鉴别其                   验最主要的方法
     质量有无缺陷                        ◆ 通过观察物资的外观，确定
   ◆ 如原箱未开的热水瓶，                   其质量是否符合要求
     可以通过转动箱体，听
     其内部有无玻璃碎片撞
     击之声，从而辨别有无
     破损
```

图 2-5　感观验收法常用的 4 种方法

（3）运用仪器检验

运用各种专用仪器鉴定物资品质，如对物资进行含水量、密度、黏度、光谱等检验。

（4）运行检验

对某些特殊物资，如车辆、电器、设备等进行运行检验，确保能够正常运行。

2.3 物资编码步骤

2.3.1　步骤 1：掌握分类方法

仓库管理员对入库物资进行分类时，要根据物资不同的形态、保存方式等对其进行分类，具体分类方法如表 2-7 所示。

表 2-7 物资分类方法

分类方法	具体说明
物资生产状态	企业生产物资可分为原材料、半成品、成品、废品和辅助物资。原材料指生产某种产品的基础物资;半成品指经过一系列的生产流程未制造成产成品的中间产品;成品指完成生产,并检测合格的产成品;废品指在生产过程中损坏的物资;辅助物资指不用于企业生产,只用于维持企业运转的物资
常温形态	物资在常温下的形态主要可分为液体、气体、固体,可根据物资形态进行分开储存
储存时间	物资的储存时间可分为长期储存、中期储存、短期储存、超短期储存
储存条件	物资的储存条件可以分为常规条件储存和特殊条件储存。常规条件储存指常温、常压、阴凉等条件下的储存;对特殊物资要采用特殊条件储存办法,如易燃、易爆、腐蚀性强的要储存在危险库内,毒性强的要储存在特殊药品库等
危险程度	按照物资的危险程度可以分为非危险品和危险品
库存金额占比	仓库管理员根据库存金额的占比对物资进行分类,一般采用 ABC 分类方法,将物资分为 A、B、C 三类,占比在 80% 以上标为 A 类物资,20% 以下标为 C 类物资,其他为 B 类物资

2.3.2 步骤 2:确定编码方法

(1)数字编码法

数字编码法是以数字作为编码工具,采用单个或一组数字来代替物资。数字编码法分为连续数字编码法、分级式数字编码法等 4 种。

① 连续数字编码法。仓库管理员将所有物资按照一种顺序进行排列,自 1 号起连续对物资依次编号。这种方法可保证每种物料都有对应编码,但是需要仓库管理人员准备物料和数字的对照资料,并详细记录。

此方法只适用于物资数量小、物资种类单一的情况。例如仓库管理员按照物资入库的时间编码,最先入库的物资编为 1 号,然后依次编号。

② 分级式数字编码法。分级式数字编码法是由仓库管理员首先按照物资的主要属性分为几大类,利用数字进行编号,其次根据次要属性细分类别,每一种类别都有相应对照的数字。

此方法适用于所有的物资编码。例如行政物资对应 01,办公用品对应 02,鼠标对应 03,则鼠标的编码是 010203。

③ 区段数字编码法。介于连续数字编码法与分级式数字编码法之间，使用位数较分级式数字编码法更少，但仍能达到物料编码的目的。如物资共 50 项，可分为 A、B、C、D、E 五大类，每类 10 项。

④ 国际十进制分类法。将所有物料分类为十大类，然后每大类物料再划分为十个中类，分别以 0～9 之间的数字为代表，如此按金字塔形态展开进行下去。

（2）英文字母编码法

英文字母编码法是指仓库管理员将英文字母作为物料编码的工具，每个或一段字母对应不同的物资信息。通常都是利用物资名称的首字母进行编码，但是英文字母中的 O、I、Z 会与数字的 0、1、2 混淆，所以不使用。

此方法适用于种类繁杂、名称不好区分的物资，例如电脑的编码为 DN。

（3）暗示法

① 英文字母暗示法。从物料的英文字母当中，择取重要且有代表性的一个或数个英文字母作为编码的方法。阅读物料编码者可以从中想象到文字，进而从暗示中得知该物料为何物。

② 数字暗示法。直接以物料的数字为物料编码，或将物料的数字按照固定规则转换成物料编码的号码的方法。

（4）混合法

混合法物料编码是指联合使用英文字母与阿拉伯数字作物料编码，且多以英文字母代表物料的类别或名称，其后再用十进位或其他方式编阿拉伯数字号码。

这种物料编码方法比十进制组合成的编码多，因此成为现在企业中最常用的物资编码方法。

2.3.3 步骤3：遵循编码原则

在物资编码过程中，必须遵循以下几个原则。

（1）简单性

编码的目的是将物资的信息化繁为简，方便仓库管理员进行管理。因此物资编码在英文字母或者数字上应准确简洁，减少仓库管理员录入编码的时间，降低查询时产生的错误。

（2）完整性

在给物资编码时，应保证所有的物资都有编码。当产生新产品、新物资时，仓库管理员应立即对新物资进行编码，并规定没有编码的物资不予入库。这样才能保证物资编码的完整性。

（3）单一性

一种物资只能具有一个编码，一个物资编码只能代表一种物资。一般来说，只要物资在仓库中储存，就需要对物资进行编码。如果某种物资的物理性质或者化学性质发生改变，也需要重新编码。

（4）统一性

仓库管理员将物资由一种类别统一进行分类，就需要一直以这种分类方式分类。例如仓库管理员最开始以物资的重要程度进行分类，中途就不能改成用年限、名称等其他类别进行分类。

（5）有序性

物资编码应该按照编码系统有顺序地排列，同类物资编码应放在一起，方便仓库管理员查询物资信息。

（6）可读性

物资编码的每一段应代表物资的一种信息，仓库管理员看到物资的编码就应知道属于哪一类物资。

（7）可扩展性

物资的编码需考虑到企业未来几年的产品发展对物资产生的影响，应为新物资留出编码空间，不能出现新物资无码可编这种情况。

（8）特殊物资特殊编码

在物资的分类过程中，会存在某类只有一种物资这种情况。针对这种情况，不需要将物资进行具体编码，应将特殊的物资都整合在一起，编入"其他"分类中，方便仓库管理员记录、查询。

（9）可使用性

物资编码过短则反映的信息较少，过长就会不易识别，在6～13位较适合。在编码时不应使用特殊符号以及易混淆的字母，以免造成查询困难。

（10）效率性

物资编码不仅要呈现出物资信息，更要使仓库管理员容易解读，方便记忆，提高工作效率。

2.3.4 步骤4：制作管理卡片

仓库管理员应在物资到达前根据采购计划制作物资管理卡，物资管理卡一般由书写纸写明物资信息，用透明塑料文件袋保存，悬挂于物资储存处。文件袋里的物资管理卡写完后可随时更换，旧卡需妥善保管，以备后续查询。

每张物资管理卡代表着一种物资，上面应明显呈现出物资名称、物资编号、供应商、物资的储存条件及位置、物资的等级和用途以及物资的出入库和结存记录，如表2-8所示。

表2-8 物资管理卡

物资名称				物资编号				规格		
储存位置				储存条件				供应商		
主要用途								等级		
日期	凭单号	入库记录			出库记录			结余	核对	备注
		购入数	入库数	采购人	出库数	用途	出库人			

2.4 半成品、成品入库步骤

2.4.1 步骤1：半成品入库

仓库管理员在接收到半成品入库申请后，需要按照如图2-6所示步骤进行半成品入库工作。

图2-6 半成品入库步骤图

（1）半成品入库前准备

① 熟悉半成品信息。仓库管理员应在半成品到库前明确了解半成品名称、数量、体积大小、储存的要求以及到库的准确时间。

② 掌握半成品仓库信息。仓库管理员应掌握半成品仓库内人员的分配情况、半成品仓库中货位的使用情况、机械工具的使用情况。根据企业的仓储制度和半成品的具体情况，准备所需的工具和货位。

(2)制订半成品入库计划

仓库管理员根据半成品的信息以及仓库储存的情况,制订半成品的入库计划。半成品入库计划应包括入库半成品的名称、数量、规格型号、特殊存放要求、具体的存放地点、相关的工作人员。

仓库管理员根据半成品的数量,计算半成品需要占用的仓容大小,选择半成品的放置地点。预测半成品实际到达的时间,并提前准备好半成品的临时存放地点。

仓库管理员需确定入库作业的相关单位及人员,并明确每个作业单位的分工,并将半成品入库计划下发到每个作业单位。

(3)半成品核对验收

① 半成品验收。仓库管理员接收半成品后应由质量管理人员进行抽样检测。质量管理人员按照总数的2%~5%进行抽检,并做好标记。

质量管理员抽样检测合格后签名交于仓库管理员,如果质量管理人员抽样检测的合格率低于标准,需将半成品返厂返工。抽样检测合格率=抽取样品合格个数/抽取半成品总数。

② 核对半成品信息。抽样检测合格后,仓库管理员需要仔细查看"半成品入库单"中的半成品数量、名称、规格型号、生产批号、入库日期、特殊存放要求以及相关人员和质量管理人员的签名。

仓库管理员检查"半成品入库单"无误之后,核对"半成品入库单"中的信息是否与半成品相符。核对无误后由仓库管理员在"半成品入库单"中签字。

(4)实施半成品入库

① 入库。仓库管理员对半成品信息核对无误签字后,进行半成品入库。

② 存放。仓库管理员需要将相同种类的半成品,存放于邻近的货位,分区分类进行保管。半成品的存放应遵守先入先出的原则选择货位,缩短半成品的储存时间。

(5)半成品入库后管理

① 建立半成品信息卡,更新物资电子台账。半成品入库后,仓库管理员应及时录入半成品信息,建立半成品信息卡,悬挂于半成品储存地点。及时更新半成品电子台账,确保台账、半成品信息卡、半成品保持一致。

仓库管理员需将更新后的电子台账交给仓储部经理审核,审核无误后由仓库管理员保存单据,以备日后追溯。

② 定期检查。仓库管理员应制定并严格执行半成品的定期检查制度,发现半成品有损坏的现象时及时处理。

2.4.2 步骤2：成品入库

成品入库步骤分为成品入库前准备、实施成品入库、成品入库后管理，具体步骤如图2-7所示。

图2-7 成品入库步骤图

（1）成品入库前准备

① 熟悉成品信息。仓库管理员接到成品入库通知后，首先应了解成品的名称、规格、型号、数量、储存要求、包装、生产批号、保存期限、运输要求。

② 掌握仓库情况。仓库管理员需要根据成品的特点准备相应的机械工具，方便搬运。根据成品体积的大小、数量以及成品的物理化学特性选择合适的地点储存，例如阴凉、通风处。

如果成品很重，要安排起重机；如果成品体积小但数量多，则安排运输机械；如果成品很重但搬运灵活性高，则需要安排叉车等候接运。

③ 制作成品入库计划。成品入库计划应包括成品信息，成品的存放地点，负责成品接收、搬运、更新成品信息的人员。仓库管理员需根据成品信息以及成品仓库的使用情况安排成品的临时存放地点，以便质量管理人员进行质量检测。

（2）实施成品入库

① 接收成品。仓库管理员接收成品，并对成品进行仔细检查，查看成品数量包装是否与单据一致，如不一致，则需要相关人员提供解决方案并安排补发。

成品包装数量核对无误后，由仓库管理员安排成品入库，放于临时存放地点。

② 成品质量检验。入库后成品由质量管理员按照企业的质检规范进行全部检查，如果有损坏的成品应立即返厂返工。检测合格的成品，应由质量管理人员开具《成品检测合格证书》。

③ 开具成品入库单。仓库管理员对检测合格的成品开具"成品入库单"。入库单上应正确、完整、清晰地写明入库成品的名称、规格、型号、生产日期、数量、入库人、入库日期、特殊存放要求、保存期限。

④ 核对成品。仓库管理员对已开具成品入库单的成品进行仔细检查，查看成品信息是否与入库单一致，如不一致，则不予入库。

仓库管理员应核对相关人员签名以及质量管理人员在《成品检测合格证书》的签名，如没有签名，则不予入库。

⑤ 存放入指定位置。仓库管理员对成品核对无误后，确保成品包装的完整性，按照成品的特征放置。成品入库的存放应按照先入先出、分区分类、合理使用仓容原则。例如同类成品放置在一起，相同客户的成品要相邻放置，合理控制仓库的湿度、温度。

（3）成品入库后管理

成品入库后，仓库管理员应及时更新仓库中的成品信息，包括成品的规格、型号、入库时间、保存期限、包装数量、用途。

仓库管理员在每日工作结束前，应将当日的成品入库单整理并保存。根据成品入库单填写"成品收、发、存表格"，记录每日成品收到的数量、发出的数量、剩余的数量以及产品的保存期限。

将每日的"成品收、发、存表格"发给仓储部经理，由仓储部经理进行审核，审核无误交由仓库管理员保存单据。

第3章
物资储存管理

3.1 物资堆码步骤

3.1.1 步骤1：明确堆码要求

物资入库后，仓库管理员需要对入库物资进行堆码，针对堆码场地、堆码物资、堆码作业都具有不同的要求，具体内容如下所示。

（1）堆码场地的基本要求

堆码场地可以分为三种：库房内堆码场地、货棚内堆码场地和露天堆码场地。不同类型的堆码场地进行堆码作业时，会有不同的要求。仓库管理员在执行物资堆码管理工作时，必须按照物资的堆码基本要求进行，具体的物资堆码场地基本要求如表3-1所示。

表3-1 物资堆码场地的基本要求

堆码场地类别	堆码场地的基本要求
库房内堆码场地	◆ 库房内用于物资堆码的库房地坪，要求平坦坚固、耐摩擦，一般要求 $1m^2$ 的地面承载能力为 $5\sim10t$ ◆ 堆码时，货垛应在墙基线和柱基线以外，垛底需要适当垫高
货棚内堆码场地	◆ 货棚内堆码场地是半封闭形式的，为防止雨雪渗漏、积聚，货棚内堆码场地四周必须有良好的排水系统，货棚内堆码场地的地坪应高于棚外场地，并做到平整、坚实 ◆ 堆码时，货垛一般应垫高 $20\sim40cm$
露天堆码场地	◆ 露天堆码场地的地坪可以根据堆存物资对地面的承载要求，采用夯实泥地、铺沙石地、石块地或钢筋水泥地等，应坚实、平坦、干燥、无积水、无杂草，四周应有排水设施 ◆ 堆码场地必须高于四周地面，货垛必须垫高 $40cm$

（2）堆码物资的基本要求

物资在正式堆码前，必须达到一定的基本要求，否则不能开展堆码作业。堆码物资的具体要求内容如图3-1所示。

（3）堆码作业的基本要求

仓库管理员在物资堆码作业过程中，必须遵循一定的管理要求，具体的物资堆码作业基本要求如图3-2所示。

1. 物资的名称、规格、数量、质量已经全面查清

2. 物资已经根据物流的需要进行编码

3. 物资外包装完好、清洁、标志清晰

4. 部分受潮、锈蚀以及发生质量变化的不合格物资，已经加工恢复或已经剔除

5. 准备堆码的物资已经进行集装单元化，便于机械化作业

图 3-1　堆码物资的基本要求

分类	◆ 对不同类别、规格、型号、形状、牌号、等级和批次的物资，必须分开堆码，不能混合、间杂堆码。对于不同物资应根据其性能、包装和结构特点，选用适合物资特点的垛形，占用面积、垛间距、墙距、走道宽度要合理
安全	◆ 堆码的货垛必须尽可能稳定，重心较高时，要特别注意，码垛应不偏不斜、不歪不倒，且不压坏底层物资和地坪，要适当选择垛底面积、堆垛高度和垫衬材料，保证堆码的牢固与安全
定量	◆ 为便于检查和盘点，能使仓库管理员一目了然，在物资堆码时，垛、行、层、包（件）等数量力求整数，每垛应有固定数量。对某些过磅称重物资不能成整数时，必须明确地标出重量，分层堆码或成捆堆码，定量存放
整齐	◆ 堆垛排列整齐有序，垛形统一，易有利于充分利用仓库的有效面积和方便作业，因此，堆码物资的垛形要规范，纵横成行成列，物资包装上的标志一律朝外排齐，便于查货和发货
低耗	◆ 坚持一次堆码，减少重复搬运，爱护苫盖物品，节约备品用料，降低消耗，堆码紧凑，节省货位，提高仓容利用率
方便	◆ 便于装卸搬运，便于收发保管，便于日常维护保养，便于检查盘点，便于灭火消防，以利于物资保管和安全

图 3-2　堆码作业的基本要求

3.1.2 步骤2：选择堆码方法

物资堆码有各种形式，采用何种垛形，应根据物资包装、重量、设备条件等情况来确定。常见的物资垛形有重叠式、纵横交错式、仰伏相间式、压缝式、通风式、栽柱式、衬垫式、宝塔式等，其具体内容如表3-2所示。

表3-2 垛形的摆放方式、特点及适用范围

垛形	摆放方式	特点	适用范围
重叠式	货垛各层物资的排列方法和数量一致	空间利用率高，配备托盘可采用机械化操作，是仓库中最常用的物资堆码垛形	体积较大、包装质地坚硬的物资，如中厚钢板、集装箱及其他箱装物资
纵横交错式	将长短一致，宽度排列能与长度相等的物资，一层横放，一层竖放，纵横交错堆码，形成方形垛	垛形稳固，也是仓库码垛的主要垛形之一	适合长短一致的长条形物资，如小型方钢、钢锭、长短一致的管材、棒材、狭长的箱装材料等
仰伏相间式	仰伏互相交错堆码，并保持一头高一头低，以便于雨水排放	货垛牢固，减少雨水腐蚀	适合钢轨、槽钢、角钢等物资在露天货场堆码
压缝式	每层物资有规则地排列，使每件物资压下层两件以上的物资，上下层每件物资形成十字交叉	层层压缝，货垛稳固，不易倒塌，储存大宗物资时便于分批出库，逐一腾出小垛占用的仓容	长方形包装的物资，适合阀门、缸、建筑卫生陶瓷和桶装物资堆码
通风式	摆放方式基本上与压缝式相同，但在每件物资的前后左右留出一定的空隙，常见的垛形有"井"字形、"非"字形、"示"字形等	物资间留有通风的空隙，容易散发物资的温度和水分，便于物资通风散潮	适用于易霉变、需通风散潮的物资，如木材制品等

续表

垛形	摆放方式	特点	适用范围
栽柱式	在货垛的两旁各栽两三根木柱或钢棒,然后将中空钢、钢管等长大五金材料平铺在柱子中,在物资两侧相对立的柱子中用铁丝拉紧,以防倒塌	便于柱形物资堆码,防止货垛倒塌,多用于货场	适用于货场堆放长大五金物资、金属材料中长条形材料,如圆钢、中空钢、钢管等
衬垫式	在每层或每两层物资之间夹进衬垫物,使货垛的横断面平整,货垛牢固	通过衬垫物与物资互相牵制,加强了货垛的稳固性	适合无包装、不规则且较重物资,如电动机、阀门等
宝塔式	把一层物资的一半压在另一层物资上,如此顺序排列,上一层的物资又向相反的方向用同样方法顺序排列,依次堆高	既可以使货垛稳固,又能够节约仓容	适用于圆形成圈(或环形)的物资,如钢丝、盘条、电线等

仓库管理员在选择物资堆码形式时,要根据物资实际的物理及化学特点,灵活应用上面 8 种码放方法。对于某些形状特殊的物资,还可以根据物资的特点,设计出新的堆垛形状。

3.1.3 步骤 3：掌握苫垫方法

物资苫垫是为了防止各种自然因素对储存物资的质量造成影响的一种措施。

物资在堆垛时一般都需要苫垫,即把货堆垫高,对露天的物资用苫盖,只有这样才能使物资避免受潮、淋雨、暴晒等,保证储存物资的质量。物资苫垫具体分为苫盖和垫垛两种方法。

（1）苫盖

苫盖的方法就是在货垛上加上遮盖物的方法,主要包括垛形苫盖法、鱼鳞式苫盖法、隔离苫盖法、活动棚架苫盖法、固定棚架苫盖法 5 种,具体如表 3-3 所示。

表 3-3　苫盖的方法

方法	具体说明
垛形苫盖法	◆ 根据货垛的形状进行适当的苫盖 ◆ 操作便利,但基本不具有通风条件 ◆ 适用于起脊垛、方形垛、大件包装、通风要求不高的物品,要注意地面干燥
鱼鳞式苫盖法	◆ 将苫盖材料从货垛的底部开始,自下而上呈鱼鳞式逐层交叠围盖 ◆ 一般采用面积较小的席、瓦等材料苫盖 ◆ 具有较好的通风条件,但每件苫盖材料都需要固定,操作比较烦琐复杂
隔离苫盖法	◆ 苫盖物不直接摆放在货垛上,而采用隔离物使苫盖物与货垛间留有一定空隙 ◆ 隔离物可用竹竿、木条、钢筋、钢管、隔离板等 ◆ 此法优点是利于排水通风
活动棚架苫盖法	◆ 在棚架四周、顶部铺围苫盖物,在棚柱底部装上滚轮,棚架可沿固定轨道移动 ◆ 活动棚需占用仓库位置,固定轨道要占用一定使用面积,因此需要较高存储成本
固定棚架苫盖法	◆ 预制的苫盖骨架与苫叶合装而成的简易棚架 ◆ 不需基础工程,可随时拆卸和人力移动

（2）垫垛

垫垛是指在物资码垛前，在预定的货位地面位置，使用衬垫材料进行铺垫的方法。垫垛主要分为码架式、垫木式、防潮纸式三种方法，具体如图 3-3 所示。

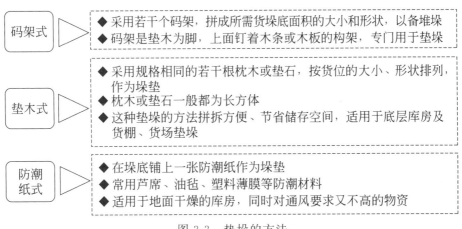

图 3-3　垫垛的方法

3.1.4 步骤4：制定堆码方案

物资堆码需要根据物资的包装、外形、特点、种类、数量和物资储存时间等内容，结合季节、气候和库内温湿度情况，按照一定要求实施。以下是一则现场静态存放和转运过程的物资堆码方案。

方案名称	现场静态存放和转运过程的物资堆码方案	编　　号	
		受控状态	

一、目的

为了给现场的物资提供切实可行的堆码方案，合理地进行堆码，便于物料的保管、保养和收发，提高存储空间的利用率，特制定本方案。

二、适用范围

本方案适用于仓储物资的现场静态存放和转运过程的物资堆码工作管理。

三、术语解释

1. 堆码是指根据物料的形状、重量等特点，将物料分别堆放成各种垛形。
2. 堆码垛高宽比是指垛的高度和宽度的比值。

四、静止存储堆码要求

(一)堆码前物资、工具的检查

1. 要堆码的物资表面必须清洁干燥，标志完整。
2. 托盘在堆码物资前必须清理干净，托盘表面不得有水分、油污、泥土、灰尘等杂物。
3. 托盘外形完好，不得有破损，托盘各部分之间不得松动。

(二)堆码场地规定

1. 现场要根据实际情况规划好堆码场地(红/黄线、标志牌等)，各场地要用显眼的标志明确区分。
2. 物资堆码应按照规划定点堆码。
3. 堆码场地周边要留出必要的通行通道和消防通道。
4. 堆码不得超出规划范围，不得占据通道。

(三)堆垛场地的要求

1. 库内堆垛时，垛应该在墙基线和柱基线以外，垛底需要垫高。
2. 货棚内堆垛，货棚需要防止雨雪渗透，货棚内的两侧或者四周必须有排水沟或管道，货棚内的地坪应该高于货棚外的地面，最好铺垫沙石并夯实。堆垛时要垫垛，一般应该垫高20～40cm。
3. 露天堆垛场地应该坚实、平坦、干燥、无积水以及杂草，场地必须高于四周地面，垛底还应该垫高40cm，四周必须排水畅通。

(四)堆码防护要求

1. 所有物资原则上不得落地摆放，必须按要求堆码在托盘上，物资在托盘上堆码时，要在托盘和物资之间垫垫垛材料，同一层中并列堆码的物资间必须有间隙，以免物资碰伤。
2. 堆码作业过程中需要搬动物资时必须抬着端板(托盘)，不得抬着其相关组件。

（五）堆码方式

物资的堆码主要有 4 种形式，仓库管理员应根据各类方式及物资的特点，选择适合的堆码方式。

1. 散堆方式。即将无包装的散货在库场上堆成货堆的存放方式，是目前物料库场堆存的一种趋势。其优势是简便，便于采用大型机械设备，节省包装费用，优化仓容利用。

2. 垛堆方式。指对包装物料或长、大件物料进行堆码，操作方式包括重叠式、压缝式、通风式、仰伏相间式、纵横交错式以及栽柱式等。其优势是增加堆高，提高仓容利用率，有利于保护物料质量。

3. 货架方式。即采用通用或者专用的货架进行物料堆码的方式。其优势是通过货架能够提高仓库的利用率，减少物料存取时的差错。

4. 成组堆码方式。即采用成组工具使物料的堆存单元扩大，常用的成组工具有货板、托盘和网格等。其优势是提高仓库利用率，实现物料安全搬运和堆存，提高劳动效率，加快物料流转。

（六）堆码高度要求

物资堆码高度要同时满足以下所有要求。

1. 堆码最大高度不得超过 1.5m（包括托盘高度）。

2. 物资堆码层数最大不得超过 10 层。

3. 采用重叠式堆码时，垛高宽比不得大于 0.7m，采用交错式堆码的垛高宽比不得大于 1m。

（七）堆码间距要求

1. 物资堆码垛要排列整齐，相邻堆码垛之间要留出搬运物资时的过道空间。

2. 物资堆垛和墙壁之间要留有 0.5m 以上间隙。

（八）防尘防潮要求

物资在现场存放时间超过 5 天的必须进行防尘防潮处理。可以在物资表面覆盖塑料薄膜等材料进行防尘防潮。

（九）堆码标志要求

1. 每垛物资都必须有标志卡。

2. 标志卡必须标明下列内容：零组件号、数量、批次号、是否合格。

3. 合格品和不合格品以及返修品要分垛堆码。

4. 不同批次物资不得同垛堆码。

5. 不同型号物资不得同垛堆码。

（十）堆码标志安放位置要求

1. 在托盘正面统一位置粘贴塑料卡袋，塑料卡袋必须粘贴牢固、端正。

2. 把堆码标志卡放入塑料卡袋内。

五、转运过程堆码特殊要求

转运过程中因堆垛处于运动状态，物资更容易倒塌及碰伤，因此在转运过程中需满足以下要求。本要求只列出与静态堆码不同部分，与静态堆码相同部分不再重复列出。

1. 转运前检查。物资标志必须齐全，要有合格证或路线卡上的检验盖章，否则不允许转运。

2. 转运过程行驶车速要求。在仓库内部转运,移动速度不得超过 2.5km/h,跨仓库转运时,在仓库外部移动速度不得超过 4.5km/h。

3. 转运过程要对货垛采取一定的加固措施,防止转运过程中货垛倒塌。

执行部门		监督部门		编修部门	
执行责任人		监督责任人		编修责任人	

3.1.5 步骤5：注意特殊堆码

企业一般物资的堆码可按照上述方案执行,特殊物资的堆码则有更多的要求,下面以危险品、食品、药品为例,进行特殊物资的堆码说明。

（1）危险品堆码要求

① 危险品应以库房储存保管为主,堆码不宜过高过大,货垛之间要留出足够宽的走道,墙距也应较宽。例如,液态危险品的堆垛高度以不超过 2m 为宜,固态危险品的堆垛高度以不超过 3m 为宜。

② 库房存放怕潮的危险品,垛底应适当垫高,露天存放更应垫高防水。同时,应根据危险品的性质选择适宜的苫盖物资。例如,硫黄等具腐蚀性的物品,不宜用布苫盖,以用苇席盖为妥。

③ 储存危险品用过的苫垫物资,需要调剂使用时,要经刷洗干净后再用。

（2）食品的堆码要求

① 基本要求。

a. 码架规格。一般码架规格为：高 220cm、长 300cm、宽 75cm。

b. 食品在冷冻间堆放,必须放置码架和垫板,食品的热量才能较快放出,冷空气才易于透进,否则货垛的底层不透风,达不到均匀降温的目的。

c. 堆码时应顺着冷空气流动方向,并保证垛位的稳固、操作方便和库房的合理使用。

d. 堆垛时要考虑稳固性堆放量。一般箱装果蔬的堆码高度为 8~10 层,纸箱堆码应加固,垫一层码板,否则纸箱就极易吸潮变形。

e. 在每个垛位上做好分垛挂牌和登记工作,做到先进先出。

② 堆码距离要求。食品货位的堆垛与墙、顶、排管和通道的距离要求,如下所示。

a. 垛与墙、顶、排管的距离 30cm,离冷风机远一点,便于冷风流通。

b. 垛与垛间距为 25cm,箱与箱间距为 3~5cm,垛与库柱的距离为 10~15cm。

c.两个垛位的长不超过8m,宽不超过2.5m,高不超过冷风机风道出风口的高度。

d.垛与风道间均应留有一定的空隙距离,冷风机吸入口处要留有通道。

③ 堆码形式。食品堆码的形式包括方格式、棋盘式、双品式,具体的形式说明如表3-4所示。

表 3-4 食品堆码形式

形式	形式说明
方格式	从立体上看,堆码呈方格形状,主要用于箱包装,箱与箱留缝要对正,以便空气流通,两层垫一层码板
棋盘式	多用于箱包装。箱与箱留缝要纵向对正。由于层与层是砖砌式交错堆叠,减少了箱承受的垂直压力
双品式	从2个方向看去,垛下面两层均呈现"品"字形,层与层纸箱砖砌式交错堆放,箱与箱间留缝要垂直方向对正

（3）药品堆码要求

① 基本要求。

a.应严格遵守药品外包装图式标志的要求,规范操作。

b.怕压药品应控制堆放高度,防止造成包装箱挤压变形。

c.药品应按品种、批号相对集中堆放,并分开堆码,不同品种或同品种不同批号药品不得混垛,防止发生错发混发事故。

② 药品堆垛距离。药品货垛与仓库内地面、墙壁、顶棚、散热器之间应有相应的间距或隔离措施,同时设置足够宽度的物资通道,防止库内设施对药品质量产生影响,保证仓储和养护管理工作的有效开展。药品堆垛的距离要求如表3-5所示。

表 3-5 药品堆垛距离要求一览表

序号	项目	距离要求
1	药品与墙、药品与屋顶(房梁)的间距	不小于30cm
2	药品与库房散热器或供暖管道的间距	不小于30cm
3	药品与地面的间距	不小于10cm
4	仓库内主通道宽度	不少于200cm
5	辅通道宽度	不少于100cm

3.1.6 步骤6：做好堆码记录

完成物资堆码后，仓库管理员要对物资位置、数量、堆码方式、堆码层数、物资接收人员等做好详细记录。仓库管理员可选择将此类信息录入仓库管理系统，或填入表格保存。记录表格如表3-6～表3-8所示。

（1）货架物资陈列表

表3-6 货架物资陈列表

货架编号： 制表人：

物资编码＼同层顺序＼层数	1	2	3	4	5	6	7	8	9	10
备注	货架尺寸：长_____×深_____×高_____（单位：m） 使用道具：									

（2）垛位查询表

表3-7 垛位查询表

编号： 日期： 年 月 日

物资名称		物资编号	
物资规格		物资产地	
供货商名称		供货商地址	
垛位编号			
垛位地址			
货垛数量		入库日期	

查询： 审批：

（3）货垛牌

表 3-8　货垛牌

编号：　　　　　　　　　　　　　　　日期：　　　年　月　日

货位号		货批号	
物资名称		规格/型号	
货垛数量		进货日期	
物资来源			
接货人		存货人	

3.2 温湿度控制步骤

3.2.1 步骤1：掌握温湿度控制方法

仓库内的物料由于其本身特性，对温湿度有一定的适应范围，超过这个范围，物资质量就会发生变化。物资在仓库存储过程中，如果仓库温湿度控制不好，物资就易发生各种变质现象。因此仓库管理员应根据库房物资的性能要求，适时采取密封、通风、除湿等各种控制和调节温湿度的办法，力求把仓库温湿度保持在适应物资存储的范围内。通常情况下，常用的仓库温湿度控制方法说明如表3-9所示。

表 3-9　仓库温湿度控制方法说明表

方法	方法简介	适用条件	优点	使用工具
密封	密封就是把物资尽可能严密封闭起来，减少外界不良气候条件对它的影响，以达到安全保管的目的	物资质量、温度和含水量正常，无生霉、生虫、发热、水淞等现象发生	要和通风、除湿结合运用，如运用得当，可以收到防潮、防霉、防热、防溶化、防干裂、防冻、防锈蚀、防虫等多方面的效果	塑料薄膜、防潮纸、油毡、芦席、密封胶

续表

方法	方法简介	适用条件	优点	使用工具
通风	利用库内外空气温度不同而形成的气压差,使库内外空气形成对流,来达到调节温湿度的目的	风力不能过大（风力超过5级,灰尘较多）	正确地进行通风,不仅可以调节与改善库内的温湿度,还能及时散发物资及包装物的多余水分	—
除湿	在梅雨季节或阴雨天,当库内湿度过高,不适宜物资保管,而库外湿度也过大,不宜进行通风散潮时,可以在密封库内用除湿的办法降低库内湿度	适宜储存棉布、针棉织品、贵重百货、医药、仪器、电工器材和烟糖类的仓库吸湿散潮	在库内外湿度都很大,无法采用通风散潮法时,该种方法也能发挥作用	除湿机、氯化钙、硅胶等
自动控制	使用光电自动控制设备,自动调节库房内温湿度	均适用	可以减少人工投入,可以随时调节库房温湿度	光电自动控制设备

3.2.2 步骤2：收集仓库物资特性

不同的物资特性，需要制定准确的温湿度标准，仓库管理员就需要准确收集仓库不同物资的温湿度特性。

收集仓库物资储存适宜的温湿度，可以对物资进行分类。先对物资大类进行区分，可分为金属制品、食品、化学用品、药品、危险品等，再将大类物资具体分类。

分析仓库内不同类别物资是否需要常温保存、冷藏保存、冷冻保存，适宜的相对湿度在什么区间范围内，其温湿度要求是否根据季节的变化而产生变化，是否容易与其他物料发生反应等。

3.2.3 步骤3：制定仓库温湿度标准

制定仓库物资温湿度标准要基于相关的国家标准和行业规范，仓库管理员制定温湿度标准时可参考表3-10。

表 3-10　常见物资安全温度和湿度表

物资名称	分类	安全温度范围	安全相对湿度范围
档案	档案	一般季节 14～24℃，夏季不大于 24℃	一般季节 45%～60%，夏季不大于 60%
烟叶	烟叶	一般季节 30℃以下，高温高湿季节 32℃以下	一般季节 55%～65%，高温高湿季节 70%以下
电子元件	敏感元器件	10～28℃	30%～60%
电子元件	普通电子元件	10～35℃	30%～75%
纸箱	纸箱	25～30℃（依照常温库要求）	45%～75%（依照常温库要求）
粮食	粮食	15～20℃	12.5%以下
塑胶	塑胶	23℃左右最佳	80%以下
五金	五金	15～25℃	30%～70%
化学用品	化学用品	30℃以下	80%以下
危险品	硝酸钾	30℃以下	80%以下
危险品	硫酸	35℃以下	85%以下
医药品	疫苗	0～8℃	45%～75%
医药品	药品	2～8℃	45%～75%
医药品	血液	2～6℃	45%～75%
医药品	血浆、生物材料、试剂等	−30～−20℃	—
医药品	胎盘、干细胞、血浆、骨髓、生物样品等	−80～−30℃	—
食品	红酒、巧克力、种子等	5～15℃	55%～75%
食品	冻结后食品	−5～5℃	80%～95%
食品	水果、蔬菜	−2～5℃	80%～95%
食品	猪牛羊肉、鱼、禽肉	−25～−18℃	95%～100%
食品	水饺、速冻食品、快速冰冻	−60～−45℃	—
食品	金枪鱼、三文鱼	−40～−35℃	—

3.2.4 步骤4：测定仓库空气温湿度

（1）测定空气温度

① 测定空气温度的工具。测定仓库温度的工具主要有水银温度计、酒精温度计、自记温度计和半导体点温计，它们各自的构造及特点如表3-11所示。

表3-11 各种温度计构造及特点

温度计名称	构造	原理	特点
水银温度计	一根密闭的细长玻璃管中装上水银，下端膨大，呈球形	水银的热胀冷缩	灵敏度和准确度都较好，但不能用于测低温，测温范围为-30~600℃
酒精温度计	与水银温度计基本相同，只是将其中的水银换成了染成红色或蓝色的酒精	酒精的热胀冷缩	灵敏度及准确度都不及水银温度计，但成本低、测温范围适中，为-100~70℃，在仓库中使用范围最广
自记温度计	由感应部分和自记部分组成，感应部分是由两种不同金属焊接组成的双金属片，双金属片一端固定，另一端通过杠杆系统连接到由自记钟、自记纸、自记笔组成的自记部分	双金属片在不同温度下的膨胀系数不同	可附带记录装置，使其能够连续自动记录温度的变化，根据材料不同，测温范围从-80~500℃不等
半导体点温计	由测温头、半导体感应器及显示屏组成	热敏电阻的电阻率随温度变化而呈规律性变化	不仅能测量空气温度，而且能够测量固体表面的温度，根据使用材料不同，测温范围从-200~500℃不等

仓库内空气温度的变化是随着大气温度变化而变化的，其变化规律与库外气温的变化规律大致相同。因此，在物资储存养护过程中，应根据温度的变化规律和物资储存的特性要求采用相应的措施。

② 温度计的使用。

a. 水银温度计的使用。水银温度计应放置在不受阳光直射、通风的地方，悬挂高度为1.5m上下，以能平视观测为宜。

读取温度计指数时，要敏捷、准确，先看小数、后看整数。视线要与水银柱顶端齐平，手和头不要接近温度计球部，也不要对着球部呼吸。

b. 酒精温度计的使用。在1个标准大气压下，酒精温度计所能测量的最高温度一般为 78℃。但是，温度计内压强一般都高于 1 个标准大气压，准确度相对较低，因此酒精温度计不宜用来测室内高温。

酒精温度计通常用于北方寒冷的季节，因为寒冷地区如果使用水银温度计，会使水银凝固，而酒精的冰点是 -114℃。

c. 自记温度计的使用。自记温度计能够自动记录空气温度的变化，它的自记部分包括自记钟、自记纸、自记笔这 3 部分。为保障其能够正常工作，仓库管理员要做好上发条、更换记录纸及添加墨水的工作。

d. 半导体点温计的使用。使用半导体点温计时，将测温头接触被测物体，即可直接从显示屏上读取被测物体温度。

③ 记录空气温度。对仓库内的温度可以采用自记温度计进行连续记录，也可以通过定时人工观测的方法进行间歇性记录。当存储的物资对空气温度变化比较敏感时，应该加大检验力度，增加记录的频率。

（2）测定空气湿度

① 测定空气湿度的工具。在仓储工作中，测定空气湿度的主要工具有干湿球温度计、通风湿度计、毛发湿度计及自记湿度计 4 种，它们各自的主要功能及特点如表 3-12 所示。

表 3-12　各种湿度计构造及特点

湿度计名称	构造	原理	特点
干湿球温度计	由两支温度计组成，在其中一支温度计的球部用湿润的纱布包裹，制成湿球，而另一支为干球	湿球纱布上的水分蒸发吸热，因而湿球上的温度比干球上的温度低，其相差度数与空气中的相对湿度成一定比例	可以同时测量空气湿度及温度，但测量范围有限，不得低于 0℃，且最终湿度还要经过换算求得
通风湿度计	在干湿球温度计的基础上，通过它头部的风扇使温度计的球部附近有一定速度的气流通过	与干湿球温度计相同	能有效防止外界条件对湿度计的影响，从而可测得较准确的湿度值
毛发湿度计	由脱脂毛发、指针、刻度盘三部分构成	毛发可随湿度的变化而改变自身的长短，湿度大时就伸长，湿度小时就缩短	可以直接读出相对湿度，但使用寿命较短，且当空气过于干燥或过于潮湿时，数值不准
自记湿度计	由毛发湿度计及自动记录设备组成	与毛发湿度计相同	可连续记录仓库中湿度的变化

② 湿度计的使用。

a.干湿球温度计的使用。使用干湿球温度计测量湿度时，应该遵循的主要步骤为润湿温球、放置温度计、读取数值、计算湿度，具体使用方法如图 3-4 所示。

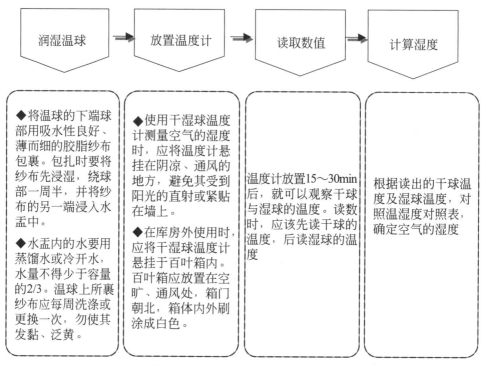

图 3-4　干湿球温度计的使用方法

b.通风湿度计的使用。通风湿度计属于精密测湿仪器，一般放置在对湿度要求较严格的库房，以便于测出储存环境的准确湿度值，也可用于对其他类型的测湿仪器进行校正。

使用通风湿度计时，基本步骤与干湿球温度计相同，只是在润湿温球后，增加了一个上紧发条使风扇旋转进行通风的步骤。

读数时，应该待湿球示值稳定后再读数，读数与测定湿度的方法与普通干湿球温度计相同，注意当气温低于－10℃时，不宜再使用通风湿度计测湿度。

c.毛发湿度计的使用。在气温低于－5℃的场合，不适宜使用干湿球温度计测湿度，此时可以采用毛发湿度计测量空气的相对湿度。

使用毛发湿度计时，应将其放置在阴凉、通风的地方，待指针稳定后，就可根据指针所指位置直接读出空气的相对湿度。

d. 自记湿度计的使用。在对湿度条件要求非常严格的库房中，可以使用自记湿度计，这样可测得每天或每周等任意一段时间内湿度变化的详细数据，为分析研究湿度变化规律提供可靠依据。

自记湿度计的使用方法与自记温度计基本相同，也包括上发条、换纸、加墨等工作。这部分内容在自记温度计部分已经有详细的介绍，此处不再重复。

③ 记录空气的湿度。对空气湿度的记录应该每日 2 次，上午 8~9 时一次，下午 1~2 时一次。对于重点仓库，可以适当地增加观测及记录的次数。

仓库管理员每检查完一遍温度及湿度，都应该将结果填写在"仓库温湿度记录表"（以采用干湿球温度计为例）中，其具体内容如表 3-13 所示。

表 3-13　仓库温湿度记录表

仓库号码：　　　　　　测量位置：　　　　　　储存物资：
安全温度：　　　　　　安全相对湿度：

日期	上午							下午					
	天气	干球温度/℃	湿球温度/℃	相对湿度/%	绝对湿度/%	调节措施	记录时间	天气	干球温度/℃	湿球温度/℃	相对湿度/%	绝对湿度/%	调节措施	记录时间

3.2.5　步骤 5：调节与控制仓库温湿度

当仓库的温度或湿度超过物资的保管要求时，不仅会使物资的质量受到直接的影响，而且可能引起物资的变质、虫蛀、霉腐、生锈、老化等。因此，合理调节与控制仓库的温湿度，是物资保养的首要问题。

（1）调节与控制仓库的温度

调节与控制仓库的温度主要涉及防热与防冻 2 个问题。

① 库房的防热措施。仓库内除应当按照国家有关消防技术规范，设置、配备消防设施和器材外，还应该掌握常用的 5 个防热措施，具体措施如表 3-14 所示。

表 3-14　仓库防热措施

防热措施	具体内容
夜间开窗降温	根据气温每日变化的规律,每天的最低温度出现在凌晨 2～5 时。如果需要降低仓库中的温度,仓库管理员可以安排专人值夜班,在固定的时间段打开库房门窗,进行自然通风或用排气风扇向库房内吹风
用空调机降温	当库房温度超过所储物资的安全保管温度时,仓库管理员就可开启空调机降温。根据所储物资的不同,空调的温度和开启时间应该有所控制
屋顶搭凉棚降温	在露天货场搭建凉棚,可以避免堆垛的物资被阳光直射,从而减少物资所吸收的热量,降低物资的温度。在多层建筑仓库的顶层搭建凉棚,可以利用棚下的空气层,降低仓库内的温度
屋顶喷水降温	在库房屋顶安装自动喷水设备,定时喷水,通过水的蒸发,降低温度。喷水时间一般安排在上午 11 时至下午 4 时之间,每隔 0.5h 喷水一次。在夏季可使库房内降温 5℃左右
屋顶放置隔热材料降温	夏季,将库房的屋顶放置一层隔热材料,可以降低库房的温度

② 仓库的防冻措施。仓库的防冻措施如表 3-15 所示。

表 3-15　仓库防冻措施

防冻措施	具体内容
附加保温材料保温	在保温库墙上或者库房的屋顶,加放一层保温材料,以增加仓库的保温效果
利用暖气设备保温	在库房内或者库房的夹墙内安装水暖气,通过暖气保持库房所需的库温
封闭仓库保温	因下雪或温湿度的骤然变化,会造成物资的损坏,如沥青、树脂、油毡、皮革、木制和纤维制品、优质钢材、线材、有色金属型板材等,这些物资必须存入保温或非保温的封闭仓库中,用保温材料封闭仓库的窗户、门,对库顶也采取相应的保温措施,将整个仓库封闭起来,以防止温度降低对物资造成损坏

(2) 调节与控制仓库的湿度

调节与控制仓库的湿度时,主要采用通风、密封与吸湿 3 种方法。

① 通风。通风就是根据空气流通的规律,有计划、有目的地组织仓库内外的空气进行交换,从而降低仓库内空气的温湿度。

仓库通风时应根据物资的性质和它们对温湿度的不同要求,结合库内外温湿度的对比情况等，合理地选择通风方法进行通风，比较常用的通风方法有 2 种，具体如表 3-16 所示。

表 3-16 仓库内外空气通风方法的原理及注意事项

通风方法	原理	使用方法
自然通风	利用库房内外空气的压力差，使空气自然交换	◆ 当仓库内外存在温度差或仓库外有风时，就可以实现仓库内外空气的流动 ◆ 通风时不需要任何机械设备，且空气交换量大，是一种经常使用的调节方法 ◆ 当库外无风时，应开启库房上部和下部通风口和窗户，促使空气流通 ◆ 当库外有风时，应先关闭库房迎风面上部出气口，开启背风面上部出气口及库房门窗的通风口，以加速通风
机械通风	利用通风机械工作时所产生的正压力或负压力，使库内外空气形成压力差，从而强迫库内外空气发生交换	◆ 在库房外墙的上部或库顶安装排风机械，在库墙的下部安装抽风机械，利用其工作时产生的推压力及吸引力，将库内空气排出库外，将库外空气吸入库内，从而达到库内外空气交换的目的

② 密封。密封就是把库房、货垛或物资尽可能严密地封闭起来，减少或阻止外界温湿度及其他不利因素对物资的影响，从而确保物资的安全。

a. 选择密封形式。仓库管理员应该依据物资所需的保管条件，结合当地气候及仓库储存条件，选择适当的密封形式或将它们进行组合使用。常见的密封形式有以下 4 种，如表 3-17 所示。

表 3-17 仓库中常见的 4 种密封形式

密封形式	具体内容
整库密封	适用于储存物资批量大、整出整进或进出不频繁的仓库的密封
按垛密封	适用于整出整进或进出不频繁的物资的密封
按货架密封	适用于出入频繁、怕潮、易锈和易霉的小件物资的密封
按件密封	适用于数量少、体积小的物资的密封，如皮革制品、金属制品、乐器和仪表等物资

b. 选择密封材料。密封材料一般为一些导热性差、隔潮性较好或透气率较小的材料，如防潮纸、塑料薄膜、油毡纸、稻谷壳、血料和泡花碱等。

在对仓库进行密封时，必须根据物资的性质和密封的目的，合理选择成本低廉、效果好、使用方便的材料。

c.进行密封操作。为了确保密封能够达到预期的效果，在进行密封操作时，还必须注意选择恰当的密封时机、做好密封前物资的检查和物资密封后的观察。

密封并不能完全隔绝库外气候及其他条件对仓库的影响，因此，对物资进行密封后，还必须定期检查密封物资的外观状况或对密封的物资质量进行抽样检查。发现问题后要及时采取处理措施。

③ 吸湿。吸湿是采用吸潮剂或吸湿机械，通过直接降低仓库空气中的水分含量，降低仓库的湿度。当因库房外湿度高于库房内湿度而不适宜进行通风散潮时，通常采用吸湿与整库密封相结合的方法来降低库房内湿度。

a.吸湿剂吸湿。吸湿剂具有较强的吸湿性，能够迅速吸收库内空气的水分，进而降低库房湿度。仓库常用的吸湿剂有生石灰、氯化钙和硅胶等，它们各自的使用方法及使用中的注意事项如表 3-18 所示。仓库管理员在选择吸湿剂时要综合考虑库存物资及吸湿剂的特点。

表 3-18　常见吸湿剂的使用方法及注意事项

吸湿剂名称	使用方法	注意事项
生石灰	将生石灰捣成拳头大小的块状，盛装于木箱或竹篓等容器内，一般占容量的 1/3~1/2 为宜，将装石灰的容器放置在垛底、沿墙四周以及靠近出入库门处	◆ 充分吸湿后会变成粉末 ◆ 不宜使用于储存毛织品、铝制品、皮革制品等耐碱性弱的物资的仓库中
氯化钙	将氯化钙放置在竹筛或木隔板上，在其下放置陶瓷或搪瓷器皿，盛装漏下的溶液	◆ 吸湿后会变为液体 ◆ 不能放置在铁制容器中，不能接触物资或包装
硅胶	用纱布或纸包成小包放在密封货架、柜内或包装物中，吸湿后对其进行烘烤，可重复使用	◆ 吸湿后仍为固体，但可依据颜色变化确定吸湿程度 ◆ 虽然价格较高，但性能稳定，并可长期使用，适用于贵重品仓库

b.机械吸湿。机械吸湿是利用去湿机除去库房空气中的水分，它具有吸湿效率高、平均成本低、操作简便等优点。

去湿机工作时先吸入库房内空气，再利用制冷装置，将潮湿空气冷却到露点温度以下，使水汽凝结成水滴排出，最后将冷却干燥的空气再送入库内，从而达到降低空气湿度的目的。

3.3 物资养护方法

3.3.1 方法1：物资防霉操作方法

物资在储藏的过程中发生霉变，主要是不同微生物以物资本身所含的某些物质为其繁殖生长的营养源，同时又由其适宜生长繁殖的环境因素造成的。

防治物资的霉腐，应该坚持"以防为主、防治结合"的方针，通过创造不利于微生物生长发育的条件或者抑制其生长，以达到防霉腐的目的。

物资霉腐的预防主要有8种方法，如下所述。

① 温控法。常用的提高温度防霉腐方法是利用日光暴晒。在某些地方，夏季日光直晒温度可达50℃以上，大多数霉菌均可被杀灭。

同时，日光中还含有大量紫外线能直接杀灭霉菌。也可在库房内安装紫外线灯定期照射，进行环境消毒防霉，如纸烟库、中药材库、农副产品库等。

② 湿控法。水是微生物生存的必要条件，空气的干湿程度直接影响微生物体内水分含量。

在干燥的空气环境中，微生物不断失去体内水分使其生长受到抑制，而在潮湿的环境中，微生物极易从空气中吸收水分而生长，通过控制空气的湿度，可直接影响微生物体内水分含量，使其不断失去体内水分，从而达到抑制其生长的目的。

③ 化学方法。即把抑制微生物生长的化学药物放在物资或包装内进行防腐的方法，常用的防霉、防腐剂性能和使用方法如表3-19所示。

表3-19 仓库常用防腐剂性能和使用方法

名称	性能	使用方法	适用范围
水杨酰苯胺	毒性较低，具有较高的稳定性	将浓度为0.2%~0.6%的溶液喷洒、喷涂或涂刷在物资上	用于针纺织品、鞋帽、皮革、纸张等物资
多菌灵	化学性质较稳定，毒性很低，对物资无毒副作用	以0.025%浓度的乳液浸泡水果，或以0.1%~0.3%浓度的乳液刷涂在其他物资上	用于针纺织品、纱线、皮革制品、鞋帽以及水果、蔬菜等
多聚甲醛	在空气中能慢慢解聚，放出甲醛气体，从而杀灭霉腐微生物	直接放置在仓库中，用量在17~24g/m³范围内，放置人员应戴口罩和护目胶边眼镜	用于单胶工作服、雨衣、布鞋及皮革和毛皮制品等
托布津	对人畜毒性很小，无积累性毒副作用	以浓度为0.05%的水溶液浸泡水果、蔬菜等	用于水果、蔬菜等物资

④ 除氧剂除氧法。大多数易于霉变的物资所生成的各种霉菌、细菌，都需要呼吸空气中的氧才能生长繁殖。通过把易霉腐物资放在严格密封的包装内，再放入化学除氧剂将氧吸收，使包装内氧浓度降到0.1%以下，就可以达到防止物资发生霉腐的目的。

化学除氧剂种类很多，以铁粉为主要成分的效果最好。该法主要适用于各种食品、中药材、电子元件、光学零件、精密仪器等的防霉腐。使用时，应注意考虑密封包装材料必须有良好的阻氧性、一定的机械强度和良好的热塑性及热合性。

⑤ 低温冷藏防霉腐法。利用低温来降低霉腐微生物体内酶的活性，从而抑制其繁殖生长。该法一般用于鲜肉、鲜鱼、鲜蛋、水果和蔬菜等。但应注意不同仓储物资对低温的要求不同。

低温冷藏是利用液态氨、天然冰或人造冰以及冰盐混合物等制冷剂降低温度，或通过将物资放置在专门的冷藏库，保持储存中所需要的低温。

⑥ 气相防霉腐法。气相防霉腐法是通过控制环境中空气成分的各种组分含量并结合适度的低温，让储存物品处于半休眠状态，以达到保鲜防腐目的的方法。

该法适用于粮食、农副土特产品、中药材、副食品、果品、蔬菜以及竹木制品、皮革制品、棉、毛、丝、麻织品等。

⑦ 物理方法。物理方法主要有2种，如表3-20所示。

表3-20 用物理方法预防物资霉菌的2种方式

方法	方法说明	适用范围
微波防霉法	利用微波引起物资分子的震动和旋转，由于分子间的摩擦而产生热，使霉腐微生物体内温度上升而被杀灭	该法适用于粮食、食品、皮革制品、竹木制品、棉织品等的储存防霉
辐照防霉法	利用放射同位素如钴-60释放的各种放射线照射易霉腐物品，从而直接破坏微生物体内脱氧核糖酸和其他物质将微生物杀死	该法已应用于医疗器材和用品消毒，食品防霉及皮革制品、纸烟、烟叶、中药材的防霉，效果十分显著

⑧ 环境管理。加强仓储环境管理，控制致霉微生物生长繁殖的条件及减少致霉微生物对物资的破坏，是防治物资霉腐的关键工作。

在易霉腐物资入库验收时，要首先检验其包装是否潮湿，物资的含水量是否超过安全标准。

入库放置时，应根据物资的不同性能，正确地运用密封、吸潮及通风相结合的方法，控制好仓库内温湿度。易霉腐物资在保管期间应特别注意勤加检查，加强保护。

3.3.2 方法2：物资害虫防治操作方法

针对仓库害虫问题，仓库管理员可以选用物理防治法与化学防治法进行害虫防治，具体内容如下所示。

（1）运用物理防治法

物理防治法是指利用各种机械设备，将害虫与物资分离，或直接将害虫杀死，以达到防治虫害目的的方法。

① 机械除虫法。机械除虫法主要是利用人工操作或动力操作的各种机械来将害虫与物资分离，从而清除仓库中的害虫的方法。例如，粮食仓库经常采用风车、筛子等机械设备，将害虫与粮食分离。

采用机械除虫法时，应在害虫活性较低的低温季节进行，除虫地点要远离仓库，并在作业现场周围用药剂布置防虫线，以免害虫再次进入仓库。

② 气控防虫法。气控防虫法是通过改变物资存储环境中空气的成分，造成不利于害虫生长的环境条件，从而达到防治害虫目的的方法。

当空气中氧气的浓度降到8%以下时，就能抑制害虫的生长发育；氧气浓度控制在2%以下时，害虫便会很快死亡；当二氧化碳浓度上升到40%～50%时，也会使害虫中毒及因氧气相对减少而窒息死亡。

一般仓库通常对物资堆垛进行塑料薄膜密闭，造成自然缺氧或通过充填二氧化碳、氮气等气控措施以达到抑制害虫生长甚至直接杀灭害虫的目的。

③ 温控杀虫法。一般情况下，较适宜害虫生长的温度为18～35℃，超过35℃就能够影响害虫的生育，而当温度上升到40～45℃时，一般害虫的活动会受到抑制，至45～48℃时，大多数害虫会处于昏迷状态，而当温度上升至50℃以上时，害虫即死亡。

仓库害虫一般在环境温度8～15℃时，开始停止活动；4～8℃时，处于冷麻痹状态；当温度达到-4℃时，一般害虫都会死亡。常用到的主要是2种方法，如图3-5所示。

④ 诱集杀虫法。根据仓库害虫的趋高性、群集性及趋光性等习性，可采用诱集杀虫法，将害虫聚集到一起，对其进行集中杀灭，具体内容如图3-6所示。

⑤ 电离辐射杀虫法。使用α粒子、β粒子、X射线、γ射线及加速电子等产生的电离辐射，对害虫进行处理，可造成幼虫发育成畸形的成虫，生殖力降低和

高温杀虫法	◆ 高温杀虫法就是通过较高的温度抑制害虫的发育和繁殖 ◆ 主要方法是通过对物资进行暴晒、烘烤等，杀死潜藏在物资中的害虫 ◆ 对于不怕水的物资，也可以利用湿热的蒸汽处理物资，从而达到杀虫的目的
低温杀虫法	低温杀虫法是利用冬季寒冷的空气或由人工产生的冷气来降低仓库温度，以达到抑制害虫的发育、繁殖，甚至直接将害虫杀死的目的

图 3-5 温控杀虫法

灯光诱集法	◆ 利用害虫的趋光性来诱杀害虫，根据害虫的特性，调整光线的强弱及颜色 ◆ 主要适用于鳞翅目昆虫 ◆ 可以减少成虫的数量，抑制害虫的繁殖，但是其杀虫效果不彻底，不能捕杀货垛内的幼虫
食物诱集法	◆ 据仓库害虫食性在仓库中放置对某种害虫具有吸引力的诱饵，将害虫集中后杀灭
其他诱集方法	◆ 根据某些仓库害虫的趋高性、群集性，可以在仓库中采用高峰竖棒诱集、破旧麻袋诱集等方法诱杀害虫

图 3-6 诱集杀虫法

雌雄个体不育。通过加大照射量，还能够使害虫体温迅速升高，最终导致死亡。仓库中使用最普遍的为 γ 射线。

（2）使用化学防治法

化学防治法就是利用化学药品直接或间接地杀死害虫的方法。这种方法的杀虫力强、防治效果显著，但由于化学药品往往具有毒性，会给物资带来不同程度的污染，长期使用还会增加害虫的抗药性。常见的化学防治法主要采用驱避剂法、熏蒸剂法及杀虫剂法。

① 驱避剂法。驱避剂法是利用易发挥并具有特殊气味和毒性的固体药物，挥发出来的气体在物资周围经常保持一定的浓度，从而起到驱避、毒杀仓库害虫作用的方法。

常用驱避剂药物有精萘丸、对位二氯化苯、樟脑精（合成樟脑）等，它们各自的适用范围如表 3-21 所示。

表 3-21 常见驱避剂及其适用范围

名称	适用对象	慎用对象
精萘丸	适用于毛、丝、棉、麻、人造毛和人造丝织品及皮革、胶木、橡胶、纸制品的防虫	有机玻璃和聚苯乙烯、人造革制品、食品和各种怕串味的物资
对位二氯化苯	适用于毛、棉、丝、麻、人造毛和丝织品及皮革、竹木制品等	各种塑料制品(赛璐珞除外)、橡胶、漆布、漆纸、人造革制品、各种食品和怕串味的物资
樟脑精	适用于毛、丝、棉、麻、人造毛和丝织品及皮革、羊毛及合成纤维、混纺织物、竹木制品等	与对位二氯化苯的慎用对象相同

使用驱避剂时，应将其放入物资包装或密封货垛内，使其升华出来的气体在物资周围经常保持一定的浓度，以消灭害虫或使害虫不敢接近。

② 熏蒸剂法。熏蒸剂是利用挥发时所产生的蒸气毒杀有害生物的一类化学药品，它具有渗透性强、防效高、易于通风散失等特点，适合于虫害已经发生及害虫潜藏在不易发现和不易接触的地方的仓库使用。

由于熏蒸剂大多具有较强的毒性，因此在使用时要严格控制用量，并做好防护工作，以免发生安全事故。

常见的熏蒸剂有氯化苦、溴甲烷、磷化铝、二氯乙烷（一般与四氯化碳混用，搭配比例为二氯乙烷3份，四氯化碳4份）等，它们各自的适用范围如表3-22所示。

表 3-22 常见熏蒸剂及其适用范围

名称	适用对象	慎用对象
氯化苦	竹木制品、皮、毛制品和一般纸制品及部分食品(如红枣、干辣椒)等	带有金属附件的物品、棉、丝织品、化纤织品及含水量较大的物资
溴甲烷	竹木制品、棉、毛、丝和麻织品、塑料制品、带有金属附件的物品及中药材等	含脂肪、橡胶、涂料的物资
磷化铝	粮食、中药材、竹木制品和毛制品	带有铜制附件的物资
二氯乙烷	谷物、粮食	含脂肪的物资及含蜡的物资

在仓库中进行熏蒸杀虫时，可以根据物资数量、仓库结构条件、害虫种类及虫害规模，酌情采用整库密封熏蒸、帐幕密封熏蒸、小室密封熏蒸、密封箱和密

封缸熏蒸等形式。

③ 杀虫剂法。杀虫剂法主要是通过触杀、胃毒作用杀灭害虫的方法。使用时一般将其与水配成一定比例的溶液，然后用喷雾剂在仓库内进行喷洒。

3.3.3 方法3：金属物资防锈除锈操作方法

（1）防锈

对金属物资防锈的根本方法是防止或破坏产生化学和电化学腐蚀的条件。一方面，通过合理控制金属的储存环境，减少环境因素对金属的影响；另一方面，采用适当的措施，隔绝金属与各种有害物质的接触。

① 控制存储环境。控制金属物资的存储环境，杜绝促使金属锈蚀的环境因素是防止金属锈蚀最经济有效的办法。

a.选择保管场所。选择保管场所需要考虑的问题如图3-7所示。

根据金属物资性质存放	◆ 镀锌铁板、金属制品和小型钢丝绳可以存入货棚 ◆ 大中型金属材料，如圆钢、方钢、六角钢等可以放置在露天场地 ◆ 价值较高的贵重金属和小型精密配件、五金制品则应该存放在库房中
远离产生有害气体和粉尘的厂房建筑	◆ 存放金属物资的库房、货棚及货场，应远离产生有害气体和粉尘的厂房建筑 ◆ 货场要用碎石或炉灰等垫平，增强地表层的透水性，以保持存储区干燥
酸、碱、盐等不同属性物质分开存放	◆ 常见的酸性物质：硫酸、盐酸、硝酸、碳酸、高锰酸、硅酸和磷酸 ◆ 常见的碱性物质：氢氧化钠、氢氧化钙（澄清石灰水）和氢氧化钾 ◆ 常见的盐性物质：硫酸铜、硫酸锌、碳酸钠（溶液呈碱性）、碳酸氢钠、碳酸钙、硝酸银、氯化钡、氯化钙、氯化镁、氯化亚铁和氯化铁

图3-7 保管场所要考虑的3个问题

b.进行入库检查。在物资入库时，要进行严格检查，并对金属物资表面进行清理，清除水迹、油污、泥灰等。已经有锈迹的物资，要立即除锈。

c.合理堆码及苫垫。采用合理的堆垛及苫垫方法，也可以有效地减少金属锈蚀的概率。常用的3类方法，如图3-8所示。

1	堆放金属物资时要垫高垛底，并保证垛底的通风及干燥，从而使物资免受地面湿气的影响
2	对不同的金属材料采用不同的存放方法，不同种类的金属材料存放于同一地点时，必须有一定的间隔距离，防止因接触而发生腐蚀
3	对于放置在露天货场的金属物资，最好用苫盖，使其与雨水、潮湿空气隔离

图 3-8　金属物资合理堆码及苫垫的 3 种方法

d.控制仓库的湿度。相对湿度在 60％以下，就可以防止金属制品表面凝结水分、生成电解液层而遭受电化学腐蚀。但由于相对湿度 60％以下较难达到，一般库房可以将其控制在 65％～70％。

② 隔离金属物资。与控制存储环境这种方法相比，将金属物资与环境隔离开的防锈方法，是一种短期的、高成本的方法。它适用于数量少，保管要求较高的金属物资的防锈。

a.涂油防锈法。涂油防锈法是指在金属表面涂刷一层油脂，使金属表面与空气、水隔绝，以达到防锈目的的方法。按照防锈油在金属表面存在的状态，防锈油可以分为硬膜防锈油和软膜防锈油 2 种，如图 3-9 所示。

硬膜防锈油	◆ 硬膜防锈油在使用前呈稠液状，涂在金属物资表面后会很快干涸，形成一层硬壳，即使经受轻微的磨打也不会损伤 ◆ 它的防锈性能较软膜防锈油要好，但油膜不易去除 ◆ 主要适用于待加工材料或露天存放的大型钢铁器材的防锈
软膜防锈油	◆ 软膜防锈油刷涂在金属表面后，会形成一层油膜，从而将金属与空气隔绝 ◆ 使用方法简单，但油膜容易被破坏 ◆ 多用于库房内较长期封存的金属物资的防锈

图 3-9　涂油防锈法的两种方式

b.气相防锈法。气相防锈法是利用挥发性缓蚀剂在常温下挥发出的缓蚀气体，阻隔腐蚀介质的腐蚀作用，从而达到防锈目的的方法。由于其成本较高，因此一般使用于成品或较为贵重材料的保养。气相缓蚀剂的使用方法主要有 3 种，具体内容如图 3-10 所示。

粉末法
- 用气相缓蚀剂粉末，直接均匀地散布在金属制品表面上，然后密封包装
- 将粉末盛于具有透气性的纸带、布袋中，并放入产品的包装内
- 将粉末制成片剂、丸剂，放入金属物资包装内然后密封，以起到防锈作用

气相防锈纸法
- 将气相缓蚀剂溶解于蒸馏水或有机溶剂中，然后浸涂在纸上，晾干后即成为"气相防锈纸"
- 使用时，可用其直接包装物资，并在外层用塑料袋或蜡纸密封

溶液法
- 使用溶液法时，要先将气相缓蚀剂溶解于水或有机溶剂中，然后将其浸涂或喷涂于金属制品表面，形成一层缓蚀剂薄膜，最后用蜡纸或塑料袋进行包装
- 常用气相缓蚀剂包括：对钢有防锈效果的无机化合物，如氨水、碳酸铵、磷酸氢二铵等；有机物，如尿素、六次甲基四胺、苯甲酸铵等

图 3-10　气相缓蚀剂的 3 种使用方法

c.可剥性塑料包装。可剥性塑料是一种防锈包装材料，将它涂覆于金属表面上成膜后，其并不直接黏附于金属表面，而是被一层析出的油膜与金属隔开，启封时能用手轻易剥除。

可剥性塑料保护层透明、柔韧性好、防锈期长，能经受恶劣的气候条件，并能抵御一般轻度的摩擦与撞击。但由于费用较贵，因而主要用于精加工及贵重物资的防锈。

（2）除锈

在库物资能够通过以上防锈方法使物资安全地度过保管期固然好，但如果遇到意外事故或由于保管疏忽，导致物资已经产生锈蚀时，仓库管理员要及时采取措施，将物资表面锈迹除去，以保证物资的质量，并避免物资的进一步锈蚀。

① 手工除锈法。手工除锈法是用简单的除锈工具，通过手工擦、刷、磨等操作，将金属物资上的锈斑、锈痕除去的一种方法。常见的手工除锈法如表 3-23 所示。

② 机械除锈法。机械除锈法是通过专用机械设备进行除锈的一种方法，它具有效率高、人力省、开支小等特点。用机械除锈，一般有抛光法、钢丝轮除锈法和喷射法 3 种，具体内容如图 3-11 所示。

表 3-23　常见手工除锈方法

除锈工具	操作方法	除锈范围
钢丝刷	先用钢丝刷或铜丝刷打锈,再用废布将物资擦拭干净	各种钢管、水暖器材、铁板等
砂布	用砂布直接擦拭,或先蘸取去污粉、煤油再擦拭,最后再用干抹布擦拭一次	各种小五金工具、配件及一般精密仪器,如钢珠、轴承、天平等
木屑	把清洁干燥的木屑撒在板材上,然后用旧布盖住进行擦拭,最后将木屑扫净,并用干抹布再擦拭一次	钢板上的轻、中度锈蚀

1. **抛光法**
   用软质的棉布、帆布等制成抛光轮,利用电机带动,在高速旋转下,将锈除去

2. **钢丝轮除锈法**
   用金属制成的轮刷,在电动机的带动下,高速旋转去锈

3. **喷射法**
   将砂粒等强力喷射到金属表面,借其冲击与摩擦的作用将锈去除

图 3-11　机械除锈法

③ 化学除锈法。化学除锈法是利用能够溶解锈蚀物的化学品,除去金属制品表面上锈迹的方法。它具有操作方便、设备简单、效率高、效果好等优点,特别适用于形状复杂的物资。

由于化学除锈所使用的化学溶液都有较强的腐蚀性,因此在操作时一般遵照除油、除锈、中和、干燥的程序来进行,具体内容如图 3-12 所示。

3.3.4　方法 4:高分子物资防老化操作方法

从影响物资老化的因素上来说,防止物资老化的主要方法应该是控制氧气、热、日光和水分。

对于仓储中的物资的老化防护,应采取的措施主要包括以下 6 点。

① 保证仓库的清洁、干燥,避免物资受到阳光直射,对于货场中堆放的高分子物资要用苫盖处理。

第1步 除油	第2步 除锈	第3步 中和	第4步 干燥
在使用化学溶液除锈前，应先将金属物资表面的油污清除干净，以免影响除锈的效果。除油的方法主要有碱溶液除油法、有机溶剂除油法和金属清洗剂除油法3种	在去除了油迹以后，就要除净金属表面上锈蚀及杂质。常用的除锈液主要由除锈无机酸（如磷酸、硫酸、盐酸、硝酸等）和钝化剂（如铬酸酐）或缓蚀剂（如乌洛托品）等配制而成	物资在经过酸洗以后，其表面总会残留酸液，就可能引起金属物资在储存期间发生严重锈蚀。酸性除锈后，要先用流动清水冲洗，然后放入3%～5%碳酸钠稀溶液中进行中和，再用清水冲洗干净	最后，应擦去物资表面的水分，待其自然干燥

图 3-12 化学除锈操作程序

② 根据物资的保管条件，合理控制库房温湿度。

③ 确保物资包装的完整，避免使物资直接暴露在空气当中。

④ 对高分子物资进行分类存储，将其与油类、易潮解、有腐蚀性、有氧化性、含水量大的物资分开保存。

⑤ 制定并严格执行库存物资定期检查制度，发现物资有开始老化的现象时，要及时采取措施进行处理。

⑥ 贯彻"先进先出、易坏先出"的原则，尽量缩短高分子物资的存储时间。

3.4
在库物资质量控制步骤

3.4.1 步骤1：分析在库物资质量变异原因

物资的质量是指物资在一定条件下，满足人们需要的各种属性。在物资储存期间，由于物资本身的性能特点不同，以及受各种外界因素的影响，可能会发生各种质量上的变化。引发在库物资变化的原因主要有以下5种。

（1）存储问题

① 露天堆存过久，风化严重，遭受雨淋影响。

② 存放时间过长，变质失效。

③ 相互反应物资未分开储存，相互反应变质。
④ 摆放物资不准确，容易吸收地板、墙面的水汽，物资与物资之间没有间隙，通风不畅。

（2）气候环境问题

① 温湿度变化的影响，导致物资受潮变质、腐蚀变质。
② 降雨降雪等均会对物资造成损坏。

（3）运输问题

① 运输中因车辆振动、物资倒塌、物资堆叠不当而压坏。
② 运输过程中密封不到位，发生雨雪渗漏。
③ 运输时急刹车受到冲击等。

（4）搬运问题

① 手工搬运时操作不慎产生物资跌落。
② 因包装缺陷而引起的意外跌落。
③ 装卸过程中，机械操作失误时造成的跌落。
④ 物资堆放不稳的坍塌、压损。

（5）清洁问题

没有定期检查物资状况，没有及时发现发霉、锈蚀物资，没有及时隔离。

3.4.2 步骤2：明确在库物资质量控制内容

物资存储质量控制可以有效减少物料的变质与损坏，保证物料质量，节约物料成本，因此，企业应加强对在库物资质量控制的管理。

在库物资质量控制的内容主要包括仓库温湿度管理、物料防腐防霉防变质管理、仓库害虫防治管理和金属制物料防锈管理四个方面，具体内容如表3-24所示。

表3-24 在库物资质量控制内容

项目	说明
仓库温湿度管理	加强对存储仓库的温湿度进行管理，以有效防止物料变质、损毁等现象的发生
物料防腐防霉防变质管理	主要是针对霉变产生的内外因，采取相应的措施
仓库害虫防治管理	工厂需加强仓库害虫防治管理，做好害虫防治工作
金属制物料防锈管理	金属制物料遇氧气容易生锈，为减少物料损失，需对金属制物料进行防锈管理

3.4.3 步骤3：掌握在库物资质量控制方法

在库物资质量控制方法如表3-25所示。

表3-25 在库物资质量控制方法

方法	具体说明
防锈	采取涂油、浸蜡、涂漆、涂防锈剂、涂石墨粉等措施
防腐	采取隔离储存、清洁干燥、保护原有防护层、上盖下垫等措施
防毒	采取严密封口、专用料柜存放、防破损污染等措施
防震	轻拿轻取减少碰撞挤压，衬垫堆码，存放稳固，控制垛高（不准超过1.5m）
防火	设置醒目的"严禁烟火"标记，下班切断电源，严禁吸烟及明火作业，配足相应的消防器材，指定专人管理
防爆	对火工、化学危险物品，应设专库保管，专人负责，严格执行收、发、保管制度，严防震动、摩擦、撞击、倒置等
防盗	提高警惕、注意防范，下班关闭门窗、加锁封条
防潮	采取苫垫、通风、吸潮、晾晒等措施，当需要加湿时，一般采用加湿器加湿等方法
防冻	在北方常采用暖气设备来提高温度，在南方一般采用自然通风的办法来提高温度
防机械损伤	做到收发搬运轻拿轻放，铲车装运防止铲坏，吊装物资应扎牢平稳，保护原包装不受损坏
防虫鼠害	做到无杂草、无垃圾、无积尘、无污水、喷施药物、通风晾晒

3.4.4 步骤4：做好日常在库物资质量检查

仓库管理员在对在库物资进行质量检查时，主要做到如图3-13所示内容。

仓库管理员做完在库物资质量检查后可填写表格确认，以免责任人遗漏或无法追溯责任人，在库物资质量检查表具体内容如表3-26所示。

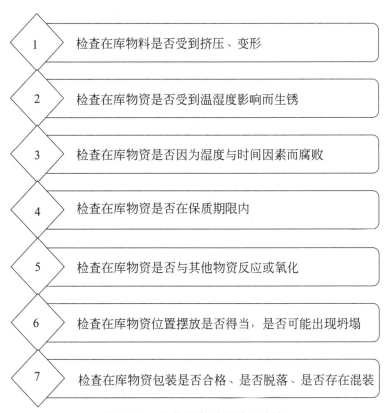

图 3-13　在库物资质量检查内容

表 3-26　在库物资质量检查表

检查项目	检查时间						
	月　日	月　日	月　日	月　日	月　日	月　日	月　日
	星期一	星期二	星期三	星期四	星期五	星期六	星期日
仓库清洁							
物资状态							
物资数量							
仓库温度							
相对湿度							
包装情况							
生产设备							
消防设施							
照明设备							
作业通道							
检查人							

3.4.5 步骤5：制定在库物资稽核制度

对在库物资进行稽核是仓库管理员为保证仓库物资有效保存必须要进行的工作环节。仓库管理员必须根据物资的特点制定合适的稽核制度，从而提高工作效率，便于后续工作进行。

制度名称	在库物资稽核制度	受控状态	
		编　　号	
执行部门		监督部门		编修部门	

第 1 章　总　则

第 1 条　目的

为了提升仓库内部监管水平，加强仓库管理力度，确保仓库物资完好，保障企业财物不受损失，还可以提供准确数据，便于采购、财物核算，特制定本制度。

第 2 条　适用范围

本企业原料仓库、成品仓库、半成品仓库。

第 3 条　工作职责

1. 仓储部设置专门人员负责稽核工作，称为仓库稽核员，主要工作内容包括：账、物、卡一致性的检查，单据检查及保管，定置定位检查，现场检查，异常反馈，质量稽核等。
2. 仓库管理员配合好仓库稽核员工作，对自己负责的仓库做出整改。
3. 仓库主管制定稽核制度与奖惩制度，根据仓库稽核员提供的稽核报告整改稽核中发现的问题。

第 2 章　账、物、卡稽核

第 4 条　账、物、卡稽核内容

1. 仓库管理员是否及时完成账务填写工作，是否及时将各项单据送至相关人员处审查。
2. 仓库物资是否按照规定放在相应位置，发生变动后，仓库管理员是否及时更改标记卡。
3. 账面、物资、标志卡三者是否一致。

第 5 条　账、物、卡稽核要求

1. 仓库主管制订稽核计划，仓库稽核员按照计划循环检查，在一定的期限内将所有物料稽核完毕，不留死角。
2. 稽核工作要坚持实事求是、公平、客观的原则。
3. 仓库稽核员完成工作后，填写"仓库账物卡稽核表"，并及时将稽核结果公示。
4. 仓库稽核员在稽核中发现的问题，仓库管理员要配合找出原因，并上报仓库主管制定相应改善措施。

第3章 单据稽核

第6条 单据稽核内容

1. 单据是否按照要求填写完整,是否有涂改,字迹是否清晰。
2. 在物资出库之后,"领料单"上是否备注相应的领料单单号,是否在系统中备注领料单单号。
3. 所有单据是否按照日期分类装订。

第7条 单据稽核要求

1. 仓库稽核员在发现单据问题后,及时告知仓库管理员,让其进行整改。
2. 仓库稽核员定期稽核,工作完成后,及时填写"仓库单据稽核表"并公示。

第4章 定置定位稽核

第8条 定置定位稽核内容

物资所在货位号是否与标示牌上显示的货位号一致。

第9条 定置定位稽核要求

1. 仓库稽核员发现问题后,及时通知仓库管理员,让其进行整改。
2. 仓库稽核员定期稽核,完成工作后,填写"仓库定置定位稽核表",并及时公示。

第5章 现场稽核

第10条 现场稽核内容

1. 仓库内部环境是否干净、整洁、无污染。
2. 仓库内部消防设施是否齐全,消防通道是否顺畅。
3. 仓库内物资摆放是否整齐,有没有乱摆乱放现象。
4. 仓库内长期积压物资是否定期清洁。
5. 仓库标示牌是否及时更新。

第11条 现场稽核要求

1. 仓库稽核员发现问题时,及时通知仓库管理员进行整改。
2. 仓库稽核员完成工作后,及时填写"仓库现场稽核表",并进行公示。

第6章 质量稽核

第12条 质量稽核内容

1. 仓库环境是否符合物资保存要求,仓库环境包括温度、湿度、通风等。
2. 仓库特定物资是否超过保质期。
3. 仓库内部是否存在仓库害虫。
4. 仓库内物资是否出现氧化、老化现象。
5. 仓库内电子器件是否因保存不当失去器件准确性。
6. 仓库内物资是否出现发霉、腐烂现象。

第13条 质量稽核要求

1. 仓库稽核员发现物资质量问题,及时通知仓库管理员整改。
2. 仓库稽核员完成工作后,填写"仓库质量稽核表",并进行公示。

第7章 数量稽核

第14条 数量稽核内容

1. 仓库内物资数量是否能与系统中记录数量一致。
2. 仓库内物资数量是否与单据记录数量一致。

第15条　数量稽核要求
1.仓库稽核员发现物资数量问题,向上级主管汇报,并要求仓库管理员整改。
2.仓库稽核员完成工作后,填写"仓库数量稽核表",并进行公示。

第 8 章　异常情况稽核

第16条　异常情况稽核内容
1.仓库内是否出现温度、湿度发生巨大变化的现象。
2.仓库内是否出现不合理物品,比如烟头、易燃易爆物品。
3.仓库是否存在设施设备突然失灵的现象。

第17条　异常反馈稽核要求
1.对于没有及时反馈仓库异常情况而造成损失的,仓库稽核员向上级汇报,等待上级给出解决方案。
2.仓库管理员填写"仓库异常反馈表",并及时公示。

第 9 章　附则

第18条　编制单位
本制度由仓储部负责制定、解释,报总经理批准后执行,修改时亦同。

第19条　生效时间
本制度自××××年××月××日起生效。

编制日期		审核日期		批准日期	
修改标记		修改处数		修改日期	

3.4.6　步骤6: 处理在库物资检验结果

在仓库稽核员完成工作,出具稽核报告后,仓库管理员就要根据报告对检验结果进行处理,做出相应措施。

（1）仓库物资检验合格处理

仓库物资核查无误后,应按如图 3-14 所示程序进行处理。

第1步 整体分析	第2步 找出关键因素	第3步 整理成规范	第4步 表彰相关人员
仓库管理员对整体环境进行评估分析	找出现有物资质量保存完好的关键因素	将关键因素整理成为确切规范广而告之,要求所有仓库管理员学习借鉴	对有关人员进行嘉奖,建立榜样,鼓励其他人员

图 3-14　物资质量完好处理程序图

（2）仓库物资质量不合格处理

仓库物资质量产生问题，一般有如表 3-27 所示的情形。

表 3-27 仓库物资质量问题说明

质量问题	具体说明
过期	一些仓库内物资保质期较短，比如有些食品原料物资，因为放置时间超出保质期，所以腐烂发霉
变质	一些化学原料对温度有极高要求，一旦达不到，就会变质
准确性不够	一些电子器材对湿度有要求，湿度过高或过低，都会影响器材准确性
损坏	易损物资有可能在搬运过程中发生磕碰，造成损坏
外观	仓库害虫不仅会破坏物资的外包装，而且还会影响物资质量

仓库物资质量出现问题处理步骤如 3-15 所示。

图 3-15 质量问题处理步骤

① 向上级汇报。仓库稽核员在发现问题后，立刻向上级汇报，等待上级复核。

② 找出原因。仓库管理员对已经出现问题的物资进行评估，找出原因，判断究竟是人为因素，还是自然因素。

③ 进行整改。仓库管理员认真检查仓库，按照对应方法进行整改，以仓库害虫为例，如图 3-16 所示。

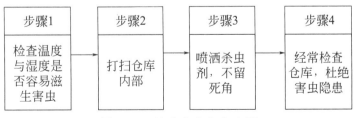

图 3-16 整改仓库害虫步骤

④ 追究相关人员责任。如果物资质量产生问题，是因为仓库管理员工作不到位，那么仓库主管就要追究责任，做出相应处罚。

⑤ 通报批评。仓库主管把仓库物资产生问题的原因和对应的惩罚措施，告知相关工作人员，避免类似情况再次发生。

第4章
物资盘点管理

4.1 盘点前准备步骤

4.1.1 步骤1：确定盘点日期

仓库管理员对仓储物资进行盘点时，根据不同物资特点选择不同的盘点周期与盘点时间。

为明确物资盘点时间，可将仓库物资分为 A、B、C 类物资。A 类物资为流动性强、盘点方便、易损毁的物资；B 类物资为流动性不强、盘点具有一定难度的物资；C 类物资流动性弱、盘点困难且不易损坏。三类物资具体盘点时间如表 4-1 所示。

表 4-1　库存盘点时间

物资分类	盘点时间	盘点人员	盘点周期
A 类物资	每日工作结束后或物资出入库结束后	仓库日常管理人员	日盘或周盘
B 类物资	每月月初前、每月月末后 3 天或财务结算前 3 天进行，应在 1～3 天内完成，基础物资要在 1 天内完成	仓库日常管理人员与财务部人员共同参与盘点	月盘或季度盘点
C 类物资	半年年度末和年度末，并在财务结算周期前完成盘点，3～5 天内完成	不仅需要仓库日常管理人员与财务部人员，必要时需要抽调其他部门人员协助盘点	半年盘点或年度盘点

仓库管理员还需注意，针对淡旺季明显物资，盘点工作要尽量安排在淡季进行，因其物资存量少、盘点容易且调动人手方便，造成损失较少。

企业财务人员与仓库主管人员要对物资进行抽查，可一月一次或一季度一次，确保物资安全与稳定；所有物资都要进行年终盘点，为便于正确计算损益以及表达财务实况。

4.1.2 步骤2：选择盘点方法

仓库常见的盘点方法有很多种分类方式，根据盘点对象的不同，常用盘点方法可以分为账面盘点法及现货盘点法，仓库管理员要根据自身需求进行盘点方法的选择。具体盘点方法如表 4-2 所示。

表 4-2　盘点方法的特点与适用范围

盘点方法		特点	适用范围
账面盘点法		按库存物资的种类、规格设置物资明细分类账,逐笔逐日将每天入库及出库物资的数量、单价记录在电脑或账簿上,并及时结算出存货结存数量和金额	当账面数与实存数发生差异时,有时很难断定是账面数有误还是实存数有误,需要采取账面盘点的方法
现货盘点法	定期盘点法	仓库管理员定期对库存物资进行盘点,仓库主管人员会同其他仓管人员按照月度、季度、年度对库存物资进行一次全面清查盘点	适用于统一订单的情况,尤其是那些供货较少或者比较集中的场合
	循环盘点法	按照物资入库的先后次序,对物资逐区、逐类、分批、分期、分库循环不断进行盘点,仓库管理员每天、每周清点一小部分物品,一个循环周期将每种物品至少清点一次	循环盘点一次只对少量物品盘点,但必须有专业盘点人员常年划分物资类别,利用其丰富的经验连续盘点
	临时盘点法	临时盘点具有灵活性,能弥补日常盘点的不足,能及时确定需要了解的物资库存情况	在日常盘点没有及时跟上、仓管员办理交接、发生意外事故的情况下,或在台风、梅雨、严寒等季节进行的临时突击盘点

4.1.3　步骤 3:制订盘点计划

仓库实施盘点前,仓库管理员需要对盘点内容、盘点时间、盘点人员、盘点方法、盘点区域、盘点物质、盘点流程等内容做出计划,以便盘点工作能够顺利实施。仓库管理员可参考以下仓库盘点计划书进行盘点计划制订。

计划名称	仓库盘点计划书	编　号	
		受控状态	

一、目的
　　为准确反映现阶段公司生产经营成果,明确存货资产的数量和状态,加强仓储存货管理,降低公司成本,规范存货盘点工作,特制订本盘点计划。
二、主要工作内容
　　1. 确定账物相符、账账相符。
　　2. 确定所有存货维持在可使用状态。

3.确定所有存货数量与账面数相符。

三、时间
本次盘点的基准时间为___年_月_日_时。

1.初盘时间

___年_月_日_时~___年_月_日_时。

2.复盘时间

___年_月_日_时~___年_月_日_时。

四、盘点范围
本次盘点的范围是公司所有仓库。

五、盘点领导小组
1.组长

×××。

2.副组长

×××。

3.分组长

×××

六、盘点人员培训计划
1.培训时间

___年_月_日_时~___年_月_日_时。

2.培训地点

一号会议室。

3.培训内容

(1)说明本次盘点的意义,引起全体盘点人员的重视。

(2)举办盘点前讨论会,详细讲解盘点的方式及注意事项和盘点卡、盘点单的填写要求(盘点卡、盘点单由各初盘负责人填写),以及盘点过程中可能发生的问题。

(3)明确复盘人员工作安排。

七、具体工作安排
1.公司成立盘点领导小组,划分盘点区域,各盘点区域落实盘点责任人,并将其负责区域及联系方式于正式盘点的前一天(即___年_月_日_时)上报盘点领导小组。

2.各仓库安排专人到财务部领取盘点表。

3.开始盘点,各仓库应成立盘点小组,由仓库负责人担任组长,根据工作量合理配置人员,确保按时完成。

4.财务部、仓储部相关人员进行复盘,复盘从初盘先结束的部门开始,复盘采用抽盘的形式,复盘比例不低于30%,初盘点小组组长必须协同复盘人员共同抽查。

5.如果抽查种类错误率超过5%,初盘人员需对所有物资进行重新盘点。

6.复盘结束后,各盘点区域应及时整理盘点表,在监盘结束前将盘点表"财务联"交财务监盘人员带走。

7. 本部门向财务部提交"电子版"及"文本版"盘点汇总表。文本版盘点表应由制表人、实物负责人及部门负责人签字确认。

八、存货盘点作业

1. 整理现场，依据编码、品名、规格、单位将所有存货分类并放在同一区域。
2. 无论实物存放地点在哪，凡是归某仓库管理的存货，都由相应部门负责盘点，防止漏盘。
3. 即使存货存放在某部门，但不属该部门管理也不能盘点，防止重盘。
4. 将所有存货的准确数量标示清楚并填至盘点卡及盘点单中。
5. 初盘完成后，将盘点单交于各仓库相应的复盘人员。
6. 复盘人员核对盘点卡、盘点单与实际存货的相符状况，确保盘点卡、盘点单与实物之编码、品名、规格、单位、数量都完全相同。
7. 盘点单中所列差异，经存货保管人确认及呈主管副总核准确定后，送交财务部调整入账。

九、盘点卡、盘点单的填写

1. 全部物料、成品部分

全部物料、成品均应在盘点卡、盘点单上填写。

2. 在制品、半成品部分

(1) 各仓库物资凡已领料，但仍保持原物料状态者，均应在在制品盘点单中填写。
(2) 已检查未入成品库之成品，以半成品盘点填写。
(3) 在制品盘点单一律按编码、品名、规格、单位、订单号码填写清楚。

3. 其他填写注意事项

(1) 记录时，物品的编码、品名、规格、单位、数量均应准确，避免遗漏或重复盘点。
(2) 填入盘点卡、盘点单的编码、名称、规格，不能凭直观，而要依电脑系统上的数据统一填入。
(3) 盘点卡、盘点单统一用阿拉伯数字填写年、月、日。
(4) 闭库前收货的材料必须写入盘点单中，并全部开出相应的入库单、盘点卡。
(5) 同一材料应尽可能摆放在同一区域，尽量避免分开放置。
(6) 盘点卡、盘点单中填写不明之处，请与财务部联络。

十、盘点卡、盘点单的处理

1. 盘点结束后第二天上午由各区负责人收齐并签署确认后即送仓储部，由仓储部汇总并交财务部。
2. 各仓库区域负责人在使用盘点卡、盘点单时应核算张数，即使作废页或空白页也不得遗失。

十一、注意事项

1. 凡权属公司仓库的一切物料、成品，必须列入盘点卡、盘点单。
2. 相关人员应提前做好准备工作。
3. 列入盘点卡、盘点单的各种报废品，不良品也应妥善管理，不得随意放置。
4. 盘点区域存货时须按同一编码、同一品名、同一规格、同一单位，分类整齐摆放。

5.各种物料若已打散使用,应使用磅秤量过,登记于盘点卡、盘点单上。
6.盘点卡应粘贴在已盘存货的显眼位置,避免漏盘或重复盘点。
7.盘点进行时,盘点人员须随时核对现存存货账卡,以便及时发现"无账有物"或"有账无物"的情况。
8.复盘人员应首先对初盘更正项目进行复盘,其次复核高价存货项目,最后复核数量大的存货,复盘结果均应于盘点单上作记录。

执行部门		监督部门		编修部门	
执行责任人		监督责任人		编修责任人	

4.1.4 步骤4:培训盘点人员

仓库进行大型盘点或复杂物资盘点时,为使盘点工作顺利进行,可能需要抽调其他人手进行增员,因此对盘点人员培训不只需要对仓库管理员进行培训,还需要对增员人员进行培训,使每一位人员在盘点工作中确实能够彻底了解并担任其应尽的任务。

(1)物料培训

物料认识培训主要针对其他部门支援人员,对物料认识不足的复盘、抽盘人员,每次盘点所分配的物料内容最好相同或相当接近,不要每次盘点都变更盘点物件。

(2)盘点表使用培训

在做完物料认识的培训后,培训人员应对盘点员进行盘点表的培训,盘点表使用要点如下。

① 盘点表是盘点库存区时使用的,盘点表一般按序编号。在某一个编号下,盘点表的增加必须经过盘点小组的登记审核。

② 盘点前,盘点人员到仓储部领取盘点表,盘点完毕后,交还给相关人员。

③ 盘点表必须经过盘点专员的抽查确认后,才能封存,等待输入系统。

④ 如果需要修改盘点表上的数字,不能用涂改液或圈涂法,必须将原来的数据划掉,重新书写。

⑤ 盘点表上只记录物资的品名,盘点表上的数据是该物资在该盘点位置下的库存总数。

⑥ 盘点表上的数据只能用蓝色、黑色签字笔或圆珠笔书写,不能用红笔、铅笔或彩色笔书写。盘点人员必须在盘点表上签字(用正楷字体)。

常用的盘点培训方式有操作示范法、多媒体视听法、现场培训法、案例分析法等，培训负责人可根据具体的培训内容选择合适的培训方式。

（3）初盘培训

① 盘点货架或冷冻柜、冷藏柜时，依序由左而右，由上而下，两人一组。一人点，将数量写在自粘贴纸上，放置在物资价格卡的上边；另一人将数据填入表格。

② 盘点的数字书写要清楚，不可潦草让人难以辨认，数字写错，要按要求进行涂改。

③ 盘点时，顺便查看物资的有效期，过期物资不应点入，应归入待处理品堆放处。

④ 对无法查知编号的物资，用红色粘贴纸做标志，报盘点管理人员处理。

⑤ 遇到非本库区的散货，归入散货区的堆放处。

（4）复盘培训

① 复盘时要首先确认需要复点的区域是否已经完成初点的录入，是否有遗漏区域。

② 复盘需要用不同颜色的自粘贴纸，以示区别。

③ 复盘时重复初盘的流程，但盘点人员不同。

（5）复盘点数培训

对盘点人员开展复盘及盘点点数培训时可两人为一组进行库存区的盘点，两人的盘点数一致时，将该数据记录在盘点表中。非供应商免费提供的样品必须点数，样品的配件不用点数。

（6）抽盘培训

抽盘一般针对初盘与复盘有数量差异的物资、初盘或复盘中漏盘的物资、初盘与复盘中位置不正确的物资。

4.1.5　步骤5：清理仓库物资

在进行实地盘点前，为了更容易进行盘点，仓管人员及其他相关人员要对放置物料的场地进行清洁整理，仓库物料的清理最好按照6S活动中的整理、整顿规范来进行。清理要点如下。

① 供应商交来的物料尚未办完验收手续的，不属于本仓库，所有权应为供应商，必须与现有物料分开，避免混淆，以免盘入仓库物料当中。

② 验收完成物料应即时整理入库，若一时来不及入库，可暂存于场内，收

在场所的临时账上。

③ 仓库关闭之前,必须通知各用料部门预领关闭期间所需的物料。

④ 清理清洁仓库,将同类物质分类分区整理打包,清洁货架、托盘等设备,使仓库井然有序,便于计数与盘点。

⑤ 将呆滞物料、不良物料和废旧物料预先鉴定,与一般物料划定界限,以便正式盘点时作最后鉴定。

⑥ 将所有单据、文件、账卡整理就绪,未登账、销账的单据均应结清。

⑦ 仓库管理员应于正式盘点前找时间自行盘点,若发现有问题应作必要且适当的处理,以利正式盘点工作的进行。

4.1.6 步骤6:准备盘点工具

仓库管理员需要准备的盘点工具主要是盘点时使用的计量工具和盘点表单。

① 盘点时所需计量工具主要有电脑、盘点系统(数据)、整理袋、盘点标签等。

② 盘点表单主要有物资盘点卡、物资盘点单、盘点记录表和盘点盈亏汇总表,表单具体内容如表4-3~表4-6所示。

表4-3 物资盘点卡

编号:_____ 仓库号:_____ 盘点区号:_____ 盘点日期:____年____月____日

物资分类	□原料	□在制品	□废料	□成品
编号				
品名				
规格		单位		
盘点时所在位置				
盘点数量		更正		
存货状况	□良料	□呆滞料	□废料	□其他
备注				
盘点员		复核员		记录员

表 4-4　物资盘点单

编号：　　　　　　　　　　　　　　　　　　　　　　　日期：＿＿＿年＿月＿日

第一联			
物资名称		填写日期	
物资编号		存放货位号	
单位		数量	
填写人		盘点单号	
第二联			
物资名称		填写日期	
物资编号		存放货位号	
单位		数量	
核对人		填写人	盘点单号

注：盘点单一式两联，盘点人员应将清点后的数量记于第一联上，另一联供复盘人员填写。

表 4-5　盘点记录表

盘点范围：　　　　　　　　　　　　　　　　　　　盘点日期：＿＿＿年＿月＿日

品种	入库	出库	账面数量	实际盘点数	差量	批次	票号	出库率

表 4-6　盘点盈亏汇总表

编号：　　　　　　　　　　　　　　　　　　　　　填写日期：＿＿＿年＿月＿日

类别	品名及规格	单位	单价	调整后账面数量	盘点数量	盘盈		盘亏		差异原因	对策
						数量	金额	数量	金额		

主管副总：　　　　　　财务部经理：　　　　　　仓储部经理：　　　　　　制表人：

注：此表一式两份，一份仓库留存，另一份是财务账联。

4.2 现场盘点步骤

4.2.1 步骤1：分工

（1）盘点区域划分

将仓库分成几个区域，并确保各区之间不重合、不留有空白，每个区域由具体的盘点小组负责。

（2）盘点人员分配

划分完区域后，应将盘点人员分成几个组，每组负责一个区域。分组时，应该注意将专业人员与非专业人员进行搭配组合，以提高盘点效率。具体人员分工如下。

① 盘点总负责人。负责盘点工作的总协调，可由仓储部总监担任。

② 执行人。负责协调并控制盘点的全盘状况，由财务经理担任。

③ 现场盘点负责人。由各仓库负责人或其指定的、具备相应胜任能力的其他人担任，指挥与督导所属小组顺利完成本次存货盘点各项工作；各小组盘点复核，对盘点清查承担复核责任；组织调查存货盘差原因。

④ 各具体盘点实施小组。各组长必须对自己小组盘点的存货或资产真实性负责，可由三人组成一个盘点小组，其中要有人熟悉存货，具体分为：

盘点人：即点数人，由仓库保管员或各区域统计员、核算员担任，负责有顺序地唱报盘点存货。

记录人：由生产部门或仓储部其他人员担任，负责盘点人唱报盘点存货的记录工作。

监盘人：由财务部门人员担任，负责现场监督盘点。

⑤ ERP数据组。ERP数据组负责提供盘点数据支持。

4.2.2 步骤2：清点

盘点人员依据分工，按顺序对负责区域内的物资进行点数。根据库存物资的计量单位不同，应该采用不同的计数方法，常用到的主要有3类，具体如图4-1所示。

4.2.3 步骤3：填写

仓库管理员应该根据清点后得出的物资数量，填写"物资盘点单"（如表4-

图 4-1　物资数量清点方法

4 所示）的第一联，并将此联悬挂在对应的物资上。

盘点单号一般为一式两联，一联为盘点人员填写，另一联供复盘人员填写。盘点单中的"盘点单号"为预先印刷的连续号码，应按照顺序填写。填写错误时也不得撕毁，应保留并上交。

4.2.4　步骤4：复盘

复盘可采用100%复盘，也可采用抽盘，由企业仓储部确定，但复盘比例不可低于30%。

在初盘人员清点完物资并填写了盘点单后，复盘人员要对清点结果进行检查，并据实填写盘点单的第二联。

如果复盘数量与初盘不一致，应该由初盘人员与复盘人员对其进行再次清点，以确定其最终数量。

4.3 盘点结果处理步骤

4.3.1　步骤1：统计盘点结果

盘点结束后，盘点人员根据盘点表汇总统计物资的库存数等，将统计结果填写到相应的表单,如呆滞品统计表、废品统计表、待整理成品统计表、差异表等,盘点单是盘点实际库存数的原始记录,收回后应妥善保存,以备与账、卡核对。

如企业应用仓库管理系统进行库存管理,则需将数据传回系统,以备核对盈亏。

4.3.2 步骤2:核对盘点盈亏

仓库管理员需要将盘点所得库存物资实存数量与库存账目进行核对。相关盘点人员需要对"盘点盈亏汇总表"(见表4-6)反映出的盈亏数据确认签字。

如发现实存数大于账面结存数量或有物无账的情况,即发生了物资盘盈;若发现实存数小于账面结存数量或有账无物的现象,即发生了物资盘亏。

若有盘盈或盘亏情况,仓库管理员要分析其产生的原因,将盘点结果上报给管理部门,并根据管理部门的批示进行相关处置。

4.3.3 步骤3:处理盘点差异

(1)分析差异原因

盘点差异产生的原因是多方面的,可能是由于仓库管理员日常管理出现差错,也有可能是盘点人员盘点时的计数有误。因此,出现盘点差异时,仓库管理员应该按照图4-2所示的顺序追查差异产生的原因。

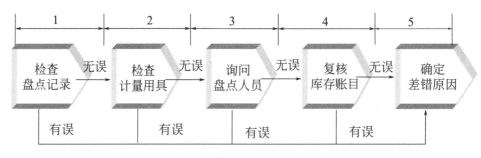

图4-2 分析盘点差异原因

① 检查盘点记录。当盘点发现差异时,仓库管理员应该首先核对盘点时的单据,以确定盘点差异是否由盘点工作中的计数差错或记录差错造成。

② 检查计量用具。对盘点时采用的量具、衡具加以检查,以确定是否因计量用具欠准确而形成盘点差异。

③ 询问盘点人员。通过询问盘点人员,确定其是否有不遵循盘点工作的步

骤，或发生漏点、复点等情况。

通过这 3 步，可以确定盘点差异是否由盘点工作中的差错造成。

④ 复核库存账目。通过复核库存账目及记账凭证，检查记账过程中是否有无凭据记录、重复记录、记录差错等情况。

⑤ 确定差错原因。如果经过上述步骤，发现其均不是产生差异的原因，则可判断是由于盗窃、丢失、贪污等原因产生的库存差错。仓库管理员在日后的管理工作中，应该注意加强防范。

（2）上报盘点结果

盘点查清仓库的实际库存量后，仓库管理员应该向上级部门及时报告盘点结果，并请其对盘点中产生的盈亏进行处理。

为了使管理部门及时了解库存情况，仓库管理员应该依据盘点的结果，分析盘点产生差异的原因并制定对策，填写一份"盘点盈亏汇总表"（如表 4-6 所示），并请上级主管部门就盘点差异的处理方法进行批示。

（3）调整账面存量

根据盘点后的结果，仓库管理员要办理库存账目、保管卡的更改手续以保证账、物、卡重新相符。

① 调整库存账目。调整库存账目时，仓库管理员应该根据盘点结果，在库存账页中将盘亏数量做发出处理，将盘盈数量做收入处理，并在摘要中注明盘盈（亏），如表 4-7 所示。

表 4-7 盘盈（亏）库存账目调整

年		凭证		摘要	收入	发出	结存
月	日	种类	号码				
……	……	……	……	……	……	……	
12	30	领料单	05123005			5000	146000
1	1	盘点单	060101	盘亏		5000	141000

② 调整保管卡。仓库管理员调整保管卡时，也应在收发记录中填写变更的数量，具体如表 4-8 所示。

表 4-8 盘盈（亏）保管卡调整

......								
收发记录								
日期	单据号码	发料量	存量	收料量	退回	订货记录	备注
……	……	……	……	……	……	……	……
12月30日	05123005	5000	146000				
1月1日	060101	5000	141000				盘亏

第5章 仓库库存控制

5.1 库存控制知识必备

5.1.1 知识1：常见的库存类型

呆滞的库存本身是一种浪费，它不仅不会创造价值，反而还会因占用资源而增加企业的成本。但从现实来看，库存的存在又是不可避免的，甚至还有利于生产经营活动的正常开展。

因此，实际生产运作要求保持合理水平的库存，以保证生产经营正常进行，这也是库存控制的目标。

按库存的作用来分，库存可分为安全库存、周转库存、调节库存、零库存和在途库存。其具体内容如表5-1所示。

表5-1 依库存作用进行的库存分类

库存分类	具体内容
安全库存	企业为了应对需求生产周期或供应周期等可能发生的不测变化，防止市场缺货造成的损失而设置一定数量的存货
周转存货	由批量周期性地形成的库存称为周转库存。周转库存的产生基于这样的想法：采购批量或生产批量越大，单位采购成本或生产成本就越低
调节库存	调节库存是为了调节需求或供应的不均衡、生产速度与供应速度不均衡、各个生产阶段的产出不均衡而设置的，其设立除季节性原因外，还出于使生产保持均衡的考虑
零库存	是指物料（包括原材料、半成品和成品等）在采购、生产、销售、运输等一个或几个经营环节中，不以库存的形式存在，而均处于周转的状态
在途库存	处于运输及停放在相邻两个工作地之间或相邻两个销售组织之间的存货，这种库存是客观存在，而不是有意设置的；在途库存取决于输送时间和在此期间的需求率

5.1.2 知识2：库存的利与弊

在不同情况下，不同企业、不同行业内库存存在的理由各有不同，各有侧重。在企业中库存的优势与弊端如图5-1所示。

1. 维持企业供需平衡 　　维持企业库存可以平衡市场需求，市场需求增大，企业可直接利用库存满足客户需求，提高客户服务水平 2. 预防不确定性 　　企业安全库存的存在可预防因大量突发性订货、交货期突然延期、临时用量增加、交货误期等特殊原因产生的不确定性影响 3. 维持生产的稳定性 　　成品库存将外部需求和内部生产分隔开来，起到缓冲作用，增强生产稳定性 4. 库存使企业能够实现规模经济 　　使企业在采购、运输、生产方面产生规模化、经济化效应 5. 降低位置差异影响 　　在途库存可以消除生产者、中间商及最终消费者的位置差异	1. 占用企业资金 　　库存存量越高，占用的资金越高 2. 产生库存成本 ◆ 库存占用资金成本 ◆ 增加仓库管理成本 ◆ 产生固定仓储成本（包括租赁、人员、保证存储条件等） ◆ 可变库存成本（主要是指物料搬运相关联成本） 3. 管理问题 　　库存的存在，可以掩盖许多问题，增加销售与预测风险，增加企业管理难度

图 5-1　库存的利与弊

5.1.3　知识 3：高库存与低库存

如果采购计划制订不合理，就会导致库存过高，导致一系列问题，企业的采购量在很长一段时间都用不完，出现单个物料或产品库存过多的不良现象，即产生了高库存。如果采购过程中计划采购量低于实际需求，导致库存低于警戒线时，就会产生低库存。

（1）高库存

① 高库存产生的原因。企业的库存管理系统不够完善，进行盲目采购，采购量超过实际需求，导致大量库存堆积。

采购过程仅考虑了仓储物资，没有考虑生产线的存货数量和在途物资数量，导致采购计划大于实际需求，库存量过高。

② 高库存引发的问题。库存量过高时，需要大量的仓储空间来存放库存物资，挤占了产品或其他物资的存储空间。

库存量过高时，需要投入较多的成本来保养和维护库存，导致库存成本过高。

库存量过高，一时间又不能消耗时，就会产生大量的呆滞物资，影响正常生产经营。

库存量过高，导致占用大量的流动资金，使企业的资金压力极大。

市场上整体库存量过高，会导致市场该类物资价格低迷，企业持有的库存价格就会缩水，为企业带来损失。

③高库存的处理办法。完善采购管理体系，按需下单，高成本物资实施最小批量订货，低成本物资实施经济批量订货。

压缩供应商交货时间，避免因长时间、长周期运输导致的库存积压。

实施精益库存管理项目，推动供应商协助实施供应商管理库存（VMI）、即时交付（JIT）等，以实际需求拉动供应，通过 PFEP（Plan For Every Part）向采购和销售环节延伸，来识别和减少不必要的浪费，降低库存数量。

引入第三方物流支持，将非专业、非核心业务外包，可以有效降低仓库、物流风险，提高库存周转率和资金周转速度，降低运营管理费用。

（2）低库存

① 低库存产生的原因。采购计划低于实际需求量，导致采购的物资不能满足实际需求，造成停工待料。

市场上该类物资供应不足，库存又低于警戒水平时，会导致停工或延迟交货，造成高昂的缺货成本。

② 低库存引发的问题。库存量过低时，不能够应付市场的价格波动情况，往往会造成因为采购价格飙升为企业带来巨大压力的情况。

库存量过低时，不足以应付客户的紧急订单需求，会丧失很多市场机会。

当某种物资的库存量过低，市场上该种物资也供应不足时，就需要寻找相关替代品，从而造成采购成本的提升。

③ 低库存的处理方法。提高需求预测准确率，将产品节假日、促销、社会活动等影响因素考虑在内，以免出现产品脱销情况。

加强企业各环节沟通，提高信息交流速度，及时补货。

5.1.4 知识4：缓冲库存

缓冲库存（Safety Stock，SS）也称安全存储量，又称安全库存，是指为了防止不确定性因素（如大量突发性订货、交货期突然延期、临时用量增加、交货误期等特殊原因）而预计的保险储备量。

（1）缓冲库存影响因素

缓冲库存取决于物料的使用频率、供应商交期、生产周期、材料采购时间等因素。

（2）缓冲库存管理办法

仓储部应按照物料的分类，确定哪些物料需要保持缓冲库存。一般情况下，应运用 ABC 分类法确定物料的等级再根据 A、B、C 等级来制订缓冲库存管理的方法，具体如表 5-2 所示。

表 5-2　缓冲库存分类管理方法

物料类别	分类依据	缓冲库存管理方法
A 类料	成本较高，占整个物料成本的 65% 左右	采用定期定购法，尽量没有库存或只需少量的缓冲库存，但需在数量上做严格的控制
B 类料	成本中等，占整个物料成本的 25% 左右	采用经济定量采购的方法，可以有一定量的缓冲库存
C 类料	成本最少，占整个物料成本的 10% 左右	采用经济定量采购的方式，不需要缓冲库存，根据采购费用和库存维持费用之和的最低点，订出一次采购量

（3）缓冲库存计算

各仓库可以在生产、采购等部门的协助下，根据不同的情况选择以下公式计算缓冲库存。

① 安全存储量＝预计每天或每周的平均耗用量×（订单处理期＋供应商纳期）＋日缓冲库存。

② 安全存储量＝预计每天或每周的平均耗用量×（订单处理期＋供应商纳期＋厂内生产周期）＋日缓冲库存。

（4）缓冲库存优化

① 降低缓冲库存。保持一定的缓冲库存，会相应地增加库存成本，因此仓库应在保证供应的情况下，尽量降低安全存量，一般情况下应采用如下两种措施。

a. 订货时间尽量接近需求时间。

b. 订货量尽量接近需求量。

② 保证服务水平。在降低安全库存量的同时，由于意外情况发生而导致供应中断、生产中断的危险也随之加大，从而影响到为顾客服务。可以采用以下 4 项具体措施，如表 5-3 所示。

表 5-3　保证服务水平措施一览表

改善方向	具体实施措施
改善需求预测	预测越准,意外需求发生的可能性就越小,还可以采取一些方法鼓励用户提前订货
缩短订货周期	适当缩短订货周期后,在订货期间内发生意外的可能性就会降低
减少供应的不稳定性	让供应商知道公司的生产计划,以便它们能够及早作出安排
	改善现场管理,减少废品或返修品的数量,从而减少由于废品造成的不能按时供应
	加强设备的预防维修,以减少由于设备故障而引发的供应中断或延迟
做好需求分析	运用统计的手法对前 6 个月甚至前 1 年产品需求量进行分析,求出标准差后即得出上下浮动点,再留出适量的库存,确保重要物料能够及时供应

5.1.5　知识 5: 周转库存

周转库存是在一定时间内企业为了完成产品流通,确保产品正常供应,根据产品销售任务和产品流通速度确定而需要周转的一定数量的物资。

周转库存可以使企业在物料成本、固定订货成本、库存持有成本的总和最小化情况下批量购买产品。

（1）周转速度计算

周转库存的主要存量主要取决于周转速度,其计算公式如下:

$$月周转次数 = \frac{月出库量 \times 12}{\frac{1}{2}(月初库存 + 月末库存)}$$

$$平均库存周转率 = \frac{全年出库总量}{\frac{1}{13}(最初库存 + \sum_{i=1}^{12} 每月月终库存)}$$

（2）降低周转库存方法

为降低周转库存存量,加快周转速度,可以采取以下方式。

① 采购措施。

a. 加快订货频次,实行少量多次的订购策略。

b. 准确进行采购批量预测。

c. 尽量压缩物资订单周期和生产周期。

② 库存管理措施。

a. 降低每月的库存数额。
b. 加快库存物资的周转次数。
c. 采用先进先出的存储策略,减少呆废料。

5.1.6 知识6: 多余库存

多余库存,就是不必要的库存,既不是支持正常运转,也不是应对不确定因素的库存。订单取消、设计变更、计划失败、预测失败等造成的呆滞库存,批量采购、批量生产、策略采购等产生的库存都属多余库存。

(1)多余库存的控制

控制多余库存必须从组织行为上着手,比如促进供应链上的信息共享,推动协同计划,预测和补货,以及提高决策水平,这些都是防止多余库存的有效举措。

(2)多余库存的处理

目前多余库存的处理主要有三种方式,即清售、代售和寄售,具体内容如表5-4所示。

表5-4 多余库存的处理方式

处理方式	执行方式	优势	劣势
清售	◆ 企业将全部或大批量多余库存一次性打包出售。通常由其分销商直接收购或分销商帮助其寻找下游企业收购	◆ 处理简单、结算容易、操作周期短,节省运输成本和运营成本	◆ 价格低、企业收益小 ◆ 多余库存收购后,可能无法全部出售,分销商风险大
代售	◆ 分销商通过自己的销售渠道,向有需求的客户推销,分销商收取一定比例代售费用	◆ 销售模式清晰,容易操作 ◆ 企业能最大程度接近购买价售出库存取回成本,也可与多家分销商进行库存代售合作,扩大销售渠道	◆ 操作烦琐,物流成本和运营成本高 ◆ 分销商间的竞争关系影响产品销售
寄售	◆ 企业将多余库存寄存在分销商处,通过利润分成或指定价格的方式全权委托分销商处理	◆ 企业可以以合理价格最大可能地售出全部库存,降低仓储成本,节省运作成本及费用 ◆ 分销商前期投入少,具有现货渠道的竞争优势,有定价权和出货权,增加成单率	◆ 企业库存管理旁落、成本核算复杂、销售周期长、部分产品难以回收成本 ◆ 大多数销售收入让给了企业,使得分销商利润偏低,而风险有所增加

5.1.7　知识 7：零库存

零库存是一种特殊的库存概念，零库存并不是不做储备，而是指物料（包括原材料、半成品和成品等）在采购、生产、销售、运输等过程中，不以库存的形式存在，库存处于周转状态。

零库存的存在可以解决企业仓库建设问题、降低企业运营成本、减少企业固定资本费用与维护费用、增加企业流动资金。

因不确定因素、需求预测准确率等因素制约，为维持企业运营，库存不可能为零，可在成本和效益最优化的前提下，使库存无限接近零。

企业实现零库存主要有以下 6 个途径，具体内容如表 5-5 所示。

表 5-5　零库存实现途径

途径	具体内容
无库存储备	仍保有库存储备，但不以库存形式存在，以其他形式存在，但可做到需要时即用
委托保管	把所有权属于用户的物资存放在专业化程度比较高的仓库中，由后者代理用户保管和发送物资，用户则按照一定的标准向受托方支付服务费
协作分包	以若干企业的柔性生产准时供应，使主企业的供应库存为零，同时主企业的集中销售库存使若干分包劳务及销售企业的销售库存为零
适时适量生产方式	在需要的时候，按需要的量生产所需的产品，通过生产的计划和控制及库存的管理，追求一种无库存，或库存达到最小的生产方式
按订单生产方式	企业在接到客户订单后才开始生产，企业生产活动都是按订单来进行采购、制造、配送的，仓库不再是传统意义上的储存物资的仓库，而是物资流通过程中的一个"枢纽"
合理配送方式	建立完善的物流体系，实行合理的配送方式，企业及时地将按照订单生产出来的物品配送到用户手中

5.2 库存控制方法

5.2.1 方法1：ABC分类法

ABC分类法，又称巴雷托分类法，是指将企业的库存物资按其重要性大小划分为A、B、C三类，然后根据重要性分别进行管理的方法。

一般情况下ABC分类法的分类依据如表5-6所示。

表5-6 ABC分类法库存划分标准及控制要点一览表

类别	划分标准		控制方法	适用范围
	占储存成本比重	实物量比重		
A类	70%左右	不超过20%	重点控制	品种少、占用资金多的存货
B类	20%左右	不超过30%	一般控制	介于A、C类两者之间的存货
C类	10%左右	不低于50%	简单控制	品种多、占用资金少的存货

ABC分类法的管理措施如图5-2所示。

A类
◆计算每个项目的经济订货量和订货点，尽可能适当增加订购次数，以减少存货积压；同时，还可以为该类存货分别设置永续盘存卡片，以加强日常控制

B类
◆为每个项目计算经济订货量和订货点，同时也可以分享设置永续盘存卡片来反映库存动态，但要求不必像A类那样严格，只要定期进行概括性的检查就可以了，以节省存储和管理成本

C类
◆适当增加每次订货数量，减少全年的订货次数
◆可采用双箱法，当库存低于正常存量时，就立刻订货

图5-2 ABC分类法的管理措施说明图

5.2.2 方法2：定量订货法

定量订货法，就是预先确定一个订货点和订货批量（一般以经济批量EOQ为标准），随时检查库存，当库存量下降到规定的订货点时就立即提出订货。

定量订货法运行原理如图5-3所示。

该方法的目的是使库存管理年总成本最小。

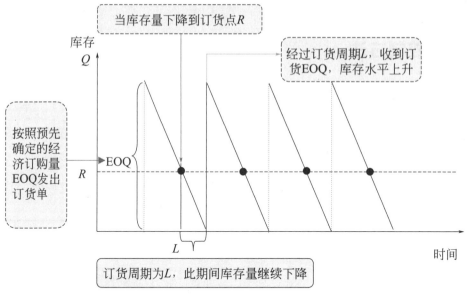

图 5-3　定量订货法原理示意图

在该模型的简单化形式中，不需要设安全库存，无论时间如何变化，年需求总量（D）、提前期（L）、单位物资购置成本（C）、每次订货成本（S）、单位物资年保管成本（H）都是常数，订货量（Q）设定为经济订货批量（EOQ），具体计算方法如图 5-4 所示。

◎ 年库存总成本

年库存总成本＝年购置成本＋年订货成本＋年保管成本

即：$TC = DC + \dfrac{DS}{Q} + \dfrac{QH}{2}$

◎ 经济订货批量（EOQ）

Q 的最小值 Q_{opt} 可称为经济订货批量（EOQ），是使订货成本与保管成本相等的值，运用微积分，可计算得如下值

$Q_{opt} = EOQ = \sqrt{\dfrac{2DS}{H}}$

◎ 订货点

订货点的确定主要取决于年需要量和提前期两个因素，不设安全库存情况下，订货点计算如下

$R = L \times \dfrac{D}{365}$

图 5-4　定量订货法计算示意图

5.2.3 方法3：定期订货法

定期订货法是按预先确定的订货时间间隔（T）按期进行订货，以补充库存的一种库存控制方法。

（1）定期订货法决策思路

每隔一个固定周期检查库存储备量，根据盘点结果与预定的目标库存水平的差额确定每次订购量，这种方法下的储备量变化情况如图5-5所示。

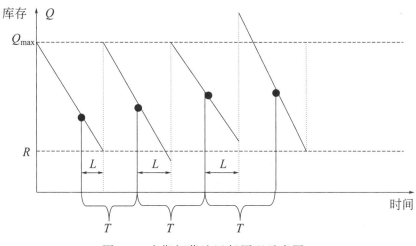

图5-5　定期订货法运行原理示意图

在此模型中假设需求为随机变化。因此，每次盘点时的储备量都是不相等的，为达到目标库存水平 Q_{max} 而需要补充的数量也随着变化。

（2）定期订货法的计算程序

定期订货法的计算程序如图5-6所示。

5.2.4 方法4：双堆法

使用双堆法时，无须每日记录库存，只需按照图5-7所示的方式对库存进行管理就可以。

双堆法也可以仅用一堆或一个储存器，当库存水准降至某一物理标记，如某一色标线或某一给定液面（用于汽油或其他液体）时，便可发出订单。

使用双堆法时，无须盘点，库存量形象化，简便易行，但是需占用较多的仓库面积。它最适合于廉价、用途相当单一和前置时间短的物资，如办公用品、螺母、螺栓等。

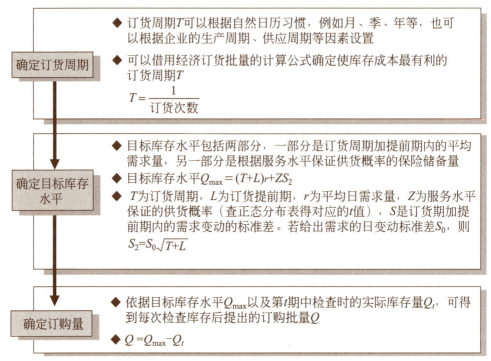

图 5-6 定期订货的计算程序

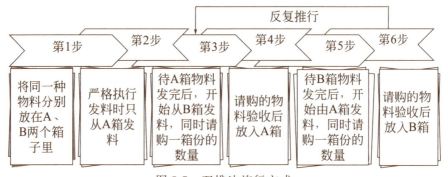

图 5-7 双堆法施行方式

5.3 库存量控制步骤

5.3.1 订货量与订货周期控制

订货量与订货周期控制步骤如图 5-8 所示。

图 5-8 订货量与订货周期控制步骤

（1）订货资料收集与分析

仓库管理员制定订货量与订货周期时，首先需要确定采购成本控制目标，确定采购成本。

仓库管理员要熟悉订货量制定方法，将物资分类，对仓库历史用量进行分析。

（2）确定提前期和安全存量基准

仓库管理员根据历史结果分析，预估物资用量，制定订货量，确定订货周期控制计划。

仓库管理员根据采购部设置的物资采购提前期设定存量控制目标，通过仓储部经理审核后，确定仓库安全存量基准。

（3）确定订货量和订货周期

仓库管理员可采用定量订货法与定期订货法计算订货量与订货周期，并编制订货量与订货周期控制方案，经仓储部经理审核通过后试行。

仓库管理员根据试行结果对方案进行优化，重新确定订货量与订货周期并实施。

5.3.2 物资消耗定额管理

物资消耗定额管理步骤如图 5-9 所示。

图 5-9 物资消耗定额管理步骤

（1）确定物资消耗定额

确定物资消耗定额时，应该按照消耗量是否稳定，采取不同的方式确定物资消耗定额，具体如表5-7所示。

表5-7 物资消耗定额确定说明表

物资消耗特征	确定方式
消耗量稳定的物资	由仓储管理员根据本部门上年和上月的消耗情况，结合公司年生产目标和管理目标，经过理论计算而确定
消耗量不稳定的物资	由仓储管理员根据相似物资、行业综合水平以及理论要求进行科学计算，并进行实际测试，从而确定最终的消耗定额

（2）消耗定额审批

仓储管理员在制定完本部门的物资定额后，应提交仓库主管进行审核，审核过程中，应主要审查消耗定额的合理性和可执行性。

仓储部经理根据公司的总体发展战略、年度经营目标以及成本控制的要求对各个部门的消耗定额进行审核，财务部、采购部等相关部门根据需要给予配合。

公司总经理对消耗定额进行最终审批，审批同意后报相关部门备案，并作为考核的重要依据之一。

对于未通过审核、审批的消耗定额由相关部门进行修改和完善，并重新报批。

（3）消耗定额的核算和修改

各相关部门在每月底对当月使用的各类物资进行核算，并将核算结果同消耗定额进行比较，为管理的改进提供参考信息。

公司每半年对消耗定额和消耗的实际情况进行汇总，并根据结果决定是否对消耗定额进行调整。

5.3.3 安全存量预警

安全存量预警步骤如图5-10所示。

图5-10 安全存量预警步骤

（1）预估月用量

① 需求量稳定的货物，仓库管理员需根据去年的平均月用量，并参考今年营业的业务与经营计划，估计月用量。

② 如遇开发或取消某一产品的生产，以及扩建增产计划等产销计划重大调整时，应修订月用量。

③ 季节性与特殊性需求的货物由仓库管理员于每年3月、6月、9月、12月的25日以前，依"库存月报表"中前三个月及去年同期各月份的需求量，再考虑今年的计划情况，而设定预估月用量。

（2）设定补货点

① 补货点为补货作业期间的需求量加上安全存量。

② 补货作业期间的需求量为补货作业期限乘以预估月用量。

③ 安全存量为补货作业期间的需求量乘以25%（差异管理率）加上等待装车（船）延误日数用量。

（3）制定补货提前期

仓库管理员依补货作业的各阶段所需日数确定补货提前期，经仓库主管核准后，送相关部门作为补货日期及数量的参考。

（4）制定订货批量

① 考虑事项：补货作业期间的长短、最小包装量、预计到货量及仓储容量。

② 设定数量：欧美地区的外购材料每次补两个月用量，亚洲地区为一个月用量，国内所购材料则每次补15天用量。

（5）建立存量基准

仓库管理员将存量管理基准分别填入"存量基准设定表"呈仓库主管核准，并根据货物分类进行建档。

（6）补货作业

仓库管理员提出补货需求时，由仓库主管利用电脑（人工作业）查询在途量、库存量及安全存量，并对需求进行审核。核定无误后送相关部门办理补货作业。

仓库管理员须严格控制库存货物需求，发现如下情况时，应视为超出正常范围货物需求（企业可根据自身情况调节比例）。

① 上旬（1~10日）实际用量超出该旬设定量10%以上者。

② 中旬（10~20日）实际用量超出该旬设定量10%以上者。

③ 下旬（即全月）实际用量超出全月设定量10%以上者。

5.4 呆废料处理方法

5.4.1 方法1：呆废料划分方法

（1）呆料的划分方法

呆料又称呆滞料，是指那些存量过多，耗用量极少，而库存周转率极低的物料。这种物料仅偶尔耗用少许，甚至根本不再有动用的可能。

呆料的界定通常根据其最后异动日（该物料最近的一次物料进出日期）判断。当其最后异动日至盘查日期的间隔超过180天时，仓库管理员可以通过填写"6个月无异动呆料明细表"，如表5-8所示，报请仓库主管批准后，可以将其界定为呆料。

表5-8 6个月无异动呆料明细表

材料编号	单位	名称规格	入库日期	最近6个月无异动			发生原因		拟处理方式		
				数量	单位	金额	原因	说明	办法	数量	期限

主管批准：　　　　　　　　　　　　　　　　　　　　经办人：

（2）废料的划分方法

废料是指报废的物料，它通常是指经过使用或由于保管不当，造成物料本身因残破不堪、磨损过度或已超过寿命年限，而失去原有功能导致本身并无利用价值的物料。

对于存储的废料，仓库管理员要填写"物料报废申请表"，如表5-9所示，得到相关部门批示后再进行进一步的处理。

表 5-9　物料报废申请表

品名	规格	报废申请原因	处理方式	数量	单价	金额	如变卖预计回收金额	备注
合计								
总经理			厂长		生管		仓库主管审核	
财务副总			技术/开发		品保		制表人	

5.4.2　方法 2：呆料的预防与处理方法

（1）呆料的预防方法

呆料产生的原因是多部门多方面的，仓库管理员要了解其产生的原因，并采用适当的方法进行预防。不同部门的预防方法如表 5-10 所示。

表 5-10　呆料产生原因及预防方法

责任部门	产生原因	预防方法
销售部门	◆ 市场预测欠佳,造成销售计划不准确,进而导致生产计划也随之变更 ◆ 顾客订货不确定,订单频繁变更 ◆ 顾客变更产品型号规格,销售部门传递失真订货信息	◆ 加强销售计划的稳定性,对销售计划的变更要加以详细规划 ◆ 加强订单管理,不要让客户随意取消订单 ◆ 及时反馈客户需求变更
计划与生产部门	◆ 产销衔接不良,引起生产计划频繁变更,生产计划错误,造成备料错误 ◆ 生产线的管理活动不良,对生产线物料的发放或领取以及退料管理不良,从而造成生产线呆料的产生	◆ 加强产销的协调,增加生产计划的稳定性,并妥善处理紧急订单 ◆ 加强生产线发料、退料的管理 ◆ 合理安排新旧产品更替,防止旧料变成呆料

续表

责任部门	产生原因	预防方法
物料与仓库部门	◆ 材料计划不当,造成呆料的产生 ◆ 库存管理不良,账物不符,存量控制不当,也容易产生呆料 ◆ 因仓储设备不理想或人为疏忽而发生的灾害而损及物料	◆ 加强材料计划,防止计划不当形成的呆料 ◆ 加强库存管理,及时掌握仓库库存变动,并反馈给生产及采购部门 ◆ 注重仓库安全,选择恰当的仓储设备
采购部门	◆ 物料管理部门请购不当,从而造成采购不当 ◆ 对供应商辅导不足,供应物资质量、交期、数量、规格等不易予以配合而导致产生呆料	◆ 加强采购管理,选择适当的采购方法及时机 ◆ 经常与供应商沟通,并对其进行辅导,提高购进物料的质量
品质管理部门	◆ 进料检验疏忽 ◆ 采取抽样检验,已收的合格品当中仍留有不良品 ◆ 检验仪器不够精良	◆ 建立完善的进料检验制度,并要求检验人员严格执行 ◆ 采用更加有效的抽样方法 ◆ 加强检验仪器的精良度

（2）呆料的处理方法

呆料的处理主要有以下 6 种方法。

① 调拨其他部门利用。如呆料本部门无法使用,可调拨给其他部门。

② 维修后再利用。因呆料利用机会减少,可将其进行维修整改,然后加以利用。

③ 打折出售给原来的供应商。

④ 与其他企业进行物物交易处理。

⑤ 可在企业设计新产品时,对库存呆料进行利用。

⑥ 焚毁处理。如呆料无法进行上述出售、交换、调拨等形式处理,则进行焚毁。

5.4.3 方法3：废料的预防与处理方法

（1）废料的预防方法

废料的产生也是由多种因素导致的,仓库管理员要从其产生原因分析,提出预防办法。废料的主要预防办法如表 5-11 所示。

表 5-11　废料的产生原因与预防办法

废料名称	产生原因	预防办法
损坏料	指因保管不当导致物料长霉、腐蚀、生锈等,造成产品失去使用价值	加强对仓库中物资的养护工作,防止物料虫蛀、霉腐、锈蚀等现象的发生
边角料	指在产品的使用过程当中,所产生的物料零头,且已经丧失了其主要功能	提高对物料的使用效率,减少边角料的产生
旧料	指物料经过使用或储存过久,致使失去原有的性能或色泽,无法使用	建立先进先出的物料收发制度,并及时处理呆料,从而避免堆积过久而成为陈腐报废的物料

（2）废料的处理方法

① 出售。在规模较小的企业,废料积累到一定程度时出售处理。

② 回收。在规模较大的企业,可将废料集中一处并从事物料解体的工作,将解体后的物料重新分类处理,并最大程度地回收再利用。

第6章 仓库设备管理

6.1 认识搬运设备

6.1.1 设备1：搬运车辆

搬运车辆是指用来运输被搬运物料的器械，包括叉车、人力搬运车、机动搬运车。

（1）叉车

叉车是装卸搬运中最常见的具有装卸、搬运双重功能的搬运设备，可由司机单独操作。叉车可根据物资的特征更换取货用具，实现短距离运输，快速堆垛装卸物资。

常用叉车包括平衡重式叉车、前移式叉车、侧面式叉车、插腿式叉车，如表6-1所示。

表6-1 常用叉车介绍说明

类型	介绍说明
平衡重式叉车	普遍重量尺寸较大，需要较大的作业空间。适用于所有物资，动力大，底盘高，对仓库地面要求低，适合室外作业。可以实现长时间的连续作业
前移式叉车	车身小、重量轻、操作灵活，适合通道较窄的室内仓库进行前后作业
侧面式叉车	货叉位于叉车的侧面，适合在狭窄通道搬运规格较长的大型物资，例如木条、钢筋等
插腿式叉车	结构简单、车速低，适合用于通道狭窄的仓库作业

（2）人力搬运车

人力搬运车是指入库人员利用简易的运输工具进行搬运，人力搬运车包括手推车、机车、手动叉车、拉车、货架车等，具有方便灵活、成本低、易操作等优点，是短距离运输小物品的一种既方便又经济的搬运工具。

（3）机动搬运车

机动搬运车包括无人搬运车、牵引车等。

无人搬运车具有电磁或光学等自动引导装置，沿着规定的导引路径行驶，可实现物资运输的自动化。

牵引车可拖挂多辆挂车运转，牵引载重大、灵活性强，可实现长距离多区间物料转运，应用于厂区、机场、物流仓库等地区物料搬运。

6.1.2 设备2：运输机

运输机是指在一定线路上连续均匀输送物料的搬运器械，能够连续、循环运作，运动速度高、稳定，消耗的功率小，但是输送线路固定，输送的物资有局限性，通用性差。运输机包括辊子输送机、带式输送机等。

（1）辊子运输机

辊子运输机适合运输各种以箱子、包、托盘为单位的物资。如果物资的体积小、不规则或者是散料，则需要放在托盘上或者周转箱内进行运输。如果物资单件体积大、较重，也可以利用辊子运输机运输。

（2）带式运输机

带式运输机是利用摩擦驱动来进行不间断输送的机械装置。带式运输机既可以输送散料，也可以输送整件物资。

（3）斗式提升机

斗式提升机可用于将物资从低处到高处提升，其结构简单、维护成本较低、运输效率高、使用范围广。斗式提升机对物资的种类、特性要求少，既可以用于粉状、颗粒状物资的提升，也可以提升一些体积较大的物资。

（4）螺旋输送机

螺旋输送机可水平、倾斜或者垂直输送。螺旋输送机根据输送形式不同可分为轴螺旋输送机和无轴螺旋输送机。无黏性的干粉物资和小颗粒物资可用轴螺旋输送机，例如水泥、石灰、粉煤灰。有黏性和易缠绕的物资可使用无轴螺旋输送机，例如生物质、垃圾等。

6.1.3 设备3：起重机

起重机是指在一定范围内垂直升降或水平移动物资，以满足物资的装卸、转载等作业要求的搬运机械，包括电动葫芦、天车、巷道式堆垛机，如表6-2所示。

表 6-2　常用起重机介绍说明

类型	介绍说明
电动葫芦	特殊的起重器械,体积小,重量轻,操作简单方便。但是其长宽尺寸较大,机械效率低,一般与天车配合使用
天车	天车横架在仓库上方,利用沿天车桥架运行的起重小车使物资进行垂直或者水平移动。如果物资较重或者物资需要放置于高处,可使用天车完成作业
巷道式堆垛机	采用半自动和自动控制装置,运行速度较快,生产效率较高。但只能在货架巷道内作业,因此要配备出入库的装置。用于高层货架的巷道内运行,将巷道口的物资存入货格或者取出

6.1.4　设备 4：打包机

利用打包机进行物资包装,既能够提高效率,保证质量,又能够完成手工操作不能做到的充气、真空与热成型等。打包机分为填充包装类机械、裹包和捆扎机械和特殊包装机械等。

（1）填充包装类机械

填充包装类机械是将物资用容器包装起来的机械,比较常用的如表 6-3 所示。

表 6-3　填充包装类机械介绍说明

填充包装类机械	介绍说明
装箱机械	利用纸箱包装物资,同时可黏合接口
装盒机械	包括纸盒供给、产品输送、装填、折盒和成品运输等,有的还附设打印、印刷、封口和检测
装袋机械	主要结构为张袋设计、计量装置、填充装置和风带装置。可以自动完成打开袋口、填充物料、封口的工作
灌装机械	用来灌装液体、半液体、固液混合制品,所用容器主要有桶、罐、瓶和软管等
填充机械	用来把干燥粉状、颗粒状、块状物资填充在盒、瓶、罐等容器中

（2）裹包和捆扎机械

裹包和捆扎机械是直接使用包装材料来包装物资的器械,常用的有裹包机械、捆扎机械、封条机械,如表 6-4 所示。

表 6-4　裹包和捆扎机械介绍说明

裹包和捆扎机械	介绍说明
裹包机械	主要是用纸、蜡纸、牛皮纸以及复合材料对物资进行包装的机械
捆扎机械	利用纸、塑料、纺织纤维或金属的绳、带对物资进行捆扎的机械
封条机械	采用机械气动和电气控制来完成封贴工序,既可用于装箱机流水线的生产,又可作为人工装箱后的封箱、贴封条的单机使用

（3）特殊包装机械

特殊包装机械包括收缩包装机械、热成型包装机械、拉伸包装机械,如表 6-5 所示。

表 6-5　特殊包装机械介绍说明

特殊包装机械	介绍说明
收缩包装机械	对薄膜进行适当加热,使薄膜收缩从而紧裹物资。适合各种形状的物资,尤其是不规则的物资包装。包装后体积小、成本低、内置物不松动,便于进行集装包装
热成型包装机械	根据成型工艺的不同,可分为泡罩式包装机、贴体包装机、热压成型填充机和真空包装机等。应用范围广,具有透明美观、防潮隔气、防渗透等优点
拉伸包装机械	通过机械装置利用弹性塑料薄膜将产品缠绕、裹紧,并在末端进行封合。一般用聚乙烯薄膜,通常用于集装在托盘上成堆物资的包装

6.2 设备保管步骤

6.2.1　步骤1：货架保管

货架保管主要对货架进行检查、维修和养护,其步骤如图 6-1 所示。

（1）检查

① 检查货架的表面,例如货架因为潮湿、灰尘等引起的脱皮或者生锈。

② 对货架进行物理维护,主要是检查货架内的物资在货架合理的承重范围内。

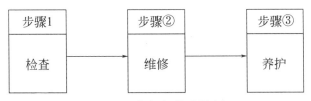

图 6-1 货架保管步骤图

③ 检查货架的垂直度是否存在倾斜的情况。

④ 检查货架的零部件表面是否有刮痕，货架连接螺栓是否松动。

⑤ 检查货架受力的稳定性。

⑥ 检查货架表面是否有污垢。

（2）维修

① 货架表面出现脱皮以及生锈的问题，仓库管理员应及时进行保护漆的喷涂处理，防止问题的二次出现。

② 货架中存放的物资尺寸不能超出货架的规格，物资以及卡板的尺寸需比货架尺寸小 100mm。仓库管理员应对货架的承重做好标志。

③ 放置物资需遵循货架的底重上轻原则，即底层放重物，高层放轻物。

④ 对于用途不同的货架、通道配置防撞柱，在通道里设置防撞护栏。

（3）养护

① 避免阳光过度照射，防止货架的金属部分氧化变质，漆层干裂脱落。

② 避免仓库过度潮湿，防止金属出现锈蚀，镀铬产生脱模等。

③ 货架进行合理的通风，避免湿物资放置于货架上。

④ 定期涂抹保护漆，减少货架生锈。

⑤ 仓库管理员需要每天检查货架，如果发现安全问题或者货架损伤应立即报告给维修人员和仓库主管。

⑥ 由于用途不同，货架的承受能力和结构也不同，需要专业人员对货架定期进行检查，并填写检查日志，如果发现问题应及时处理。

⑦ 需要仓库管理员购买专门的货架清洁剂。例如护理喷蜡和清洁保养剂，护理喷蜡主要针对由木板、聚酯、油漆或者防火胶板组成的货架；清洁保养剂针对由木板、玻璃组成的实木木架。

6.2.2　步骤 2：托盘保管

托盘保管步骤与货架保管步骤相一致，均为检查、维修和养护，其具体内容如下所示。

（1）检查

① 检查托盘表面是否有污垢。

② 检查托盘是否老化。

③ 检查组合托盘的零部件是否损坏，例如托盘的防滑橡胶块。

④ 检查托盘表面是否有裂痕。

（2）维修

① 对于托盘断板，可以利用其他相同种类材料进行维修。

② 积攒多个严重损坏的托盘之后，上报给仓库主管和维修部门，由维修部门进行维修。

③ 如果发现托盘表面有污垢，应该及时用清水冲洗干净。

④ 木托盘需要涂上蜡或者浸油，防止木托盘表面开裂。

⑤ 及时更换托盘上的钉子。

（3）养护

① 仓库管理员应该对托盘进行定期检查，发现损坏应该立即上报维修部门和仓库主管，及时维修，保持托盘的使用寿命。

② 仓库管理员应严禁从高处将物资扔到托盘上。

③ 仓库管理员将物资堆放在托盘内应遵守合理、利用率高原则，物资要求均匀放置，不能将物资只放在一侧或者只放在托盘中间。

④ 当托盘上承载物资较重时，仓库管理员应将托盘放在平整的地面上。

⑤ 仓库管理员应严禁将托盘从高处抛落，防止托盘破碎。

⑥ 如果托盘长期闲置不用，仓库管理员需要用遮阳布或者防水布盖好。

⑦ 仓库管理员应避免让阳光暴晒托盘或者将托盘放在潮湿阴暗的地方。

6.3
设备检验步骤

6.3.1 步骤1：称量设备检验

根据仓库收发物资的性质以及收发量的不同，仓库一般利用案秤、台秤、汽车衡等称量设备，其各自特点及适用范围如表6-6所示。

表 6-6 称量设备的特点及适用范围

称量设备	特点	适用范围
案秤	◆ 案秤能够实现远距离操作,可实现自动化控制 ◆ 案秤的数字显示直观、误差小 ◆ 称量范围较小,仓库常用的案秤最大称量一般在 10～20kg 之间 ◆ 体积小,维护简单	◆ 适用于称量小件、重量轻的物资 ◆ 经常使用于配发小件或轻质物资次数频繁的仓库
台秤	◆ 台秤是一种复式杠杆组成的称量设备 ◆ 测量精度不如案秤 ◆ 双层台秤设计,缓冲避震,预防偏载	◆ 仓库应用最广泛和必备的称量仪器 ◆ 适用于储存小吨位物资的仓库使用
汽车衡	◆ 汽车衡是一种比较小型的无轨地下磅秤,当汽车停在其上时,能够迅速称出汽车及其上所载物资的总重 ◆ 最大称重量一般为 10～15t	◆ 适用于使用各种非轨行车辆进行收发料搬运作业的仓库

（1）案秤、台秤的检验

对案秤和台秤的检验主要是内校检验,检验步骤如图 6-2 所示。

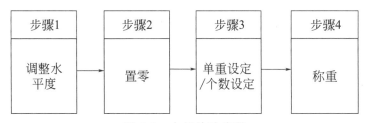

图 6-2 内校检验步骤

① 准备外校标准砝码,将台秤和案秤放置水平并清扫干净。

② 调节水平后按归零键,若不为零,需要微调至零。

③ 在秤上加 10kg 的标准砝码,观察读数 A_1 值,并将 A_1 值记录在"内校检验表"。A_1 值范围应在 9.95～10.05kg。

④ 加上 40kg 的砝码,读取数值 A_2 并记录。A_2 值范围应在 39.9～40.10kg。

⑤ 加 60kg 砝码在台秤上,观察读数 A_3 并记录。A_3 值范围应在 59.90～60.10kg。

内校检验表如表 6-7 所示。

表 6-7　内校检验表

设备名称		型号规格		测量范围	
编号		使用部门		精度要求	
校准依据		检验人员		检验周期	
校准环境：温度____　湿度____					
校准记录					
校准挡位	挡位公差	校准结果（三次平均）	挡位判定	备注	

（2）汽车衡的检验

汽车衡的检验步骤如图 6-3 所示。

图 6-3　汽车衡检验步骤

① 检验前准备。在汽车衡进行检验前，仓库管理员首先需要清理汽车衡的台面，在清理过程中避免触碰传感器。其次检查底板固定螺栓、传感器固定螺栓、接地线有没有松动。之后仓库管理员站立在台面摇晃，观察汽车衡是否摇晃自如。

② 标准砝码校准。仓库管理员首先将汽车衡的四角调整平衡，用叉车将附近的标准砝码放置在汽车衡中间位置，砝码需要缓慢放置，避免冲击力过大。汽车衡的校准称重不应少于 30t，即 30 个标准砝码。

③ 填写检验台账。校准完成后仓库管理员应填写校准台账，如表 6-8 所示。

表 6-8　汽车衡校准台账

校验日期	计量器具名称	基准磅		被校验器具	误差
		地点	显示值	显示值	

6.3.2 步骤2：量具检验

量具是仓库必备的设备，量具不仅仅可以计量以长度为单位的物资，也可以测量物资的尺寸规格，判断物资的质量是否符合标准。因此，仓库管理员应了解常用量具，并明确量具检验步骤。

仓库常用的量具包括普通量具和精密量具，具体如表6-9所示。

表6-9 常见普通量具的特点

量具分类	量具名	量具特点	注意事项
普通量具	直尺	◆ 直尺的材质很多，例如木制、钢制、塑料制等 ◆ 通常用的直尺上刻有公制和英制两种刻度，其精度可以精确到毫米 ◆ 测量的总体长度较短，一般为1m以下	◆ 直尺一般用来测量长度较小的物资 ◆ 当物资所要求的精确度超过直尺的精确度时，不能用直尺测量
	卷尺	◆ 尺身由较薄的钢片制成 ◆ 长度有 1m、2m、10m、15m、20m、30m、50m、100m 等，以毫米为测量单位 ◆ 伸缩性较小，测量较准确	◆ 平时需用煤油擦拭保养 ◆ 使用时避免扭曲折断，割破手指
	皮尺	◆ 尺身由麻加铜丝并涂以涂料制成，测量长度主要有 10m、15m、20m、30m、50m、100m 等 ◆ 伸缩性较大，不及钢制卷尺准确	◆ 使用麻制皮卷尺时，不得拖曳、打折和拉张 ◆ 在收起时不可过分绕紧或放松
精密量具	游标卡尺	◆ 按用途可分为普通游标卡尺、高度游标卡尺、深度游标卡尺和齿形游标卡尺 ◆ 仓库常用的主要是普通游标卡尺，其精度有 0.1mm、0.05mm、0.02mm 三种	◆ 测量时用力不能过大，以免卡脚变形或磨损，影响测量精度 ◆ 用完后仔细擦净，涂上防护油，避免生锈或弯曲
	千分尺	◆ 千分尺又称千分卡、分厘卡，是一种常用的精密测量量具 ◆ 精度比游标卡尺高，可以达到0.01mm，适用于精度要求高的物资测量	◆ 读数时，千分位有一位估读数字，不能随便扔掉，即使固定刻度的零点正好与可动刻度的某一刻度线对齐，也应读取为"0" ◆ 千分尺不能摔落或碰撞，也不能过度用力旋转千分尺测微螺杆

使用量具来测量物资时，必须将量具放置水平。量长方形物资时，要与被量的物资顶端垂直，与侧边平行；量圆形物资的长度时，要与物资的中心线平行。

仓库管理员不论检验何种量具，都需至少检验 3 组数据，保证检验结果的准确性。

（1）直尺、卷尺、皮尺的检验

直尺、卷尺、皮尺的检验步骤大致相同，具体如图 6-4 所示。

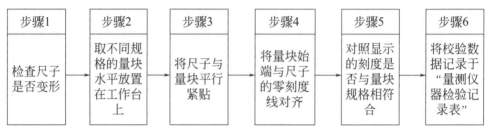

图 6-4　直尺、卷尺、皮尺的检验步骤

（2）游标卡尺的检验

游标卡尺的检验步骤如图 6-5 所示。

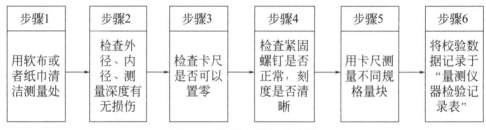

图 6-5　游标卡尺检验步骤

（3）千分尺的检验

千分尺的检验步骤如图 6-6 所示。

图 6-6　千分尺检验步骤

量测仪器检验记录表如表 6-10 所示。

表 6-10 量测仪器检验记录表

序号	计量器具名称	规格型号	检验日期	有效期	检验单位

6.4 设备养护方法

6.4.1 方法1：除湿机养护方法

仓库湿度是仓库环境的重要指标，一般仓库要求环境的湿度范围在 40%～60% 之间，特殊的仓库对湿度要求更加精确，因此，除湿机是很多仓库的首要选择。

除湿机的原理是利用制冷系统将表冷器的温度降至空气温度之下，由风扇将潮湿空气抽入机器内与表冷器进行交换。湿空气中的水汽遇冷凝结成水存储在机器的水箱中，然后机器将干燥的空气排入室内。

除湿机的养护包括以下 4 个方面。

（1）正确调节除湿机的设定湿度

仓库管理员应该根据所储存物资的要求、环境的温湿度、仓库的空间大小调节除湿机的设定湿度。

（2）定期对除湿机进行清洁

仓库管理员应该定期拆下除湿机的过滤网进行清洁，定期清洗除湿机的散热片，保证除湿机的工作效率。

（3）定期检查除湿机

除湿机经过长时间的使用后，机体以及线路都会有不同程度的老化。仓库管理员应定期让专业人员检查除湿机，更换老化的部件。

（4）不使用时的防护

长时间不使用除湿机，应用防护罩罩住除湿机，防止日晒积灰，造成日后清洗和维护困难。

6.4.2 方法2：除锈机养护方法

常见的除锈机分为抛丸除锈机、喷砂除锈机、无酸洗拉丝除锈机，其养护方法如下。

（1）抛丸除锈机

抛丸除锈机利用机械设备的高速运转把一定粒度的钢丸抛出，被抛出的钢丸与部件碰撞打击从而达到去除钢材表面锈蚀的目的。抛丸除锈机的养护方法如图6-7所示。

- ① 设备所有的注油点必须定期按照其部位要求加注机油、润滑油或者油脂
- ② 对于易损件应每天检查，如果有损坏必须及时更换
- ③ 仓库管理员应该经常检查传送的皮带是否有松弛的现象
- ④ 所有的传送零部件应每周进行两次检查，如有损坏，应立即更换
- ⑤ 每次工作结束后都应该把机器清理干净

图6-7 抛丸除锈机养护方法

（2）喷砂除锈机

喷砂除锈机是利用高压空气带出石英砂喷射到构件表面，从而达到除锈的目的。喷砂除锈机的养护方法如图6-8所示。

- ① 检查管道线路有没有破损或者渗漏现象，如果有应立即更换
- ② 检查灰斗内灰尘情况，仓库管理员需定时清理灰尘
- ③ 检查滤水杯中是否有积水，积水过多应该立即排放
- ④ 仓库管理员需检查电器操作设置是否正常，如果发现异常应立即向主管报备并申请维修
- ⑤ 保证机器外表面的干净清洁，使用专门的清洁剂清理机器

图6-8 喷砂除锈机养护方法

（3）无酸洗拉丝除锈机

无酸洗拉丝除锈机主要针对线材进行除锈，具有生产效率高、产品品质高、

操作容易、对环境污染较小等特点，无酸洗拉丝除锈机的养护方法如图 6-9 所示。

① 开机前对设备进行安全检查，仓库管理员应定时、定点、定量添加润滑油

② 机器需要经常保持清洁

③ 定期检查修理开关手柄，如有损坏应及时更换

④ 严格禁止非指定人员操作机器，需做到人离机关

图 6-9　无酸洗拉丝除锈机养护方法

6.5 消防设备

6.5.1　设备1：灭火器

灭火器是常见的防火设备，不同种类的灭火器内填装的化学成分不同，所应对的火灾情况也不同。常见的灭火器可分为清水灭火器、泡沫灭火器、干粉灭火器、二氧化碳灭火器等。

（1）清水灭火器

清水灭火器内装的是水，分为 6L 和 9L 两种规格，其规格大小是指所装的清水多少。

① 适用情况。清水灭火器主要用于固体物质所发生的火灾，例如木材、棉麻、纺织品等的初起火灾。

② 日常养护。

a. 放在干燥通风并且 0℃ 以上的地方，防止喷嘴堵塞、桶体发生锈蚀以及清水结冰。

b. 定期检查喷嘴是否通畅，压力表的指针是否在绿色区域。如指针指向红色区域应及时检修。

c. 灭火器一经使用，必须按照规定的要求进行填装。

d. 每半年需拆卸灭火器进行一次全面检查。

③ 操作步骤。

a.将清水灭火器拿到失火点,在距离燃烧物10m左右,将灭火器直立放稳。

b.摘下保险帽,用手掌拍击开启杆顶端的凸头,这时贮气瓶的密膜片被刺破,二氧化碳气体进入桶内,迫使清水从喷嘴喷出。

c.一只手立即提起灭火器,另一只手拖住灭火器的底圈,将喷射的水流对准燃烧最猛处。

d.随着灭火器喷射距离的缩短,操作者应逐渐向燃烧物靠近,使水流始终喷射在燃烧处,直到火被扑灭。

e.在喷射过程中,灭火器应始终与地面保持大致的垂直状态。切勿颠倒或横卧,否则会使加压气体泄出而灭火剂不能喷射。

(2)泡沫灭火器

泡沫灭火器是利用大量的二氧化碳及泡沫,黏附在可燃物上,使可燃物与空气隔绝。泡沫灭火器分为空气泡沫灭火器和化学泡沫灭火器。

① 适用情况。泡沫灭火器最适用于扑灭汽油、柴油等液体类火灾,也可用于木材、棉布等固体物质燃烧引起的火灾。

② 日常养护。

a.存放地点应阴凉、干燥、通风,并且温度应在8~45℃。

b.喷嘴应保持通畅,桶盖内滤网应每年清洗一次。

c.放置两年以上应换新药,换药前,桶身应经水压测试,2.1MPa的压力下保持1min无泄漏、膨胀、变形等现象,才能继续使用。

③ 操作步骤。

a.使用空气泡沫灭火器时,应手提灭火器提把迅速赶到火场。使用化学泡沫灭火器时,应注意不得使灭火器过分倾斜,更不可横拿或颠倒,以免灭火器中两种药剂混合,而导致泡沫提前喷出。

b.使用空气泡沫灭火器时,应在距燃烧物6m左右处,拔出保险销,一手握住开启压把,另一手握住喷枪,然后紧握开启压把,将灭火器密封开启,使泡沫从喷枪喷出。如为化学泡沫灭火器,则应将桶体颠倒过来,一只手紧握提环,另一只手扶住桶体的底圈,将射流对准燃烧物。

c.在使用空气泡沫灭火器的过程中,应一直紧握开启压把,不能松开,也不能将灭火器倒置或横卧使用,否则会中断喷射。而使用化学泡沫灭火器时,应始终保持灭火器的倒置状态,以免喷射中断。

(3)干粉灭火器

干粉灭火器内填装的是磷酸铵盐干粉灭火剂。干粉灭火剂分为两类:一类是靠干粉中无机盐可燃物产生化学抑制,使燃烧的链反应中断而灭火;另一类是干粉的粉末落在可燃物表面，在高温作用下形成一层玻璃膜，隔绝氧气，导致灭火。

① 适用情况。干粉灭火剂主要用于扑灭石油、有机溶剂等易燃液体、可燃气体和电气设备的初起火灾，也可以用于油、气燃烧引起的失火。

② 日常养护。

a. 干粉灭火器应该放在通风、阴凉的地方，放置地点的温度应为$-5\sim45℃$。

b. 每半年检查干粉是否结块，二氧化碳气体是否泄漏。

c. 使用后必须再填装，填装的干粉种类应与之前一致。

③ 操作步骤。

a. 将灭火器提到距火源适当位置后，先上下颠倒几次，使桶内的干粉松动，然后让喷嘴对准燃烧最猛烈处，拔去保险销，压下压把，灭火剂便会喷出灭火。

b. 开启干粉灭火棒时，左手握住其中部，将喷嘴对准火焰根部，右手拔掉保险卡，旋转开启旋钮，打开贮气瓶，等待$1\sim4s$，干粉便会喷出灭火。

（4）二氧化碳灭火器

二氧化碳灭火器加压时将液态的二氧化碳压缩在小钢瓶中，灭火时将其喷出，有降温和隔绝空气的作用。

① 适用情况。适用于扑灭煤油、燃油、石蜡、煤气、天然气、甲烷等以及物体带电燃烧等火灾。

② 日常养护。

a. 放置地点温度应在$-10\sim45℃$，且阴凉干燥，不得接近热源或受剧烈震动。

b. 使用后应由消防专业部门进行灌装，并进行气密性检验。

c. 应半年检查一次喷嘴和喷射管道是否堵塞。

③ 操作步骤。在距起火点大约$5m$处，放下灭火器，一只手握住喇叭形喷桶根部的手柄，把喷桶对准火焰；另一只手旋开手轮，二氧化碳就会喷射出来。

扑救流散液体火灾时，应使二氧化碳由近而远向火焰喷射，如燃烧面较大，可左右摆动喷桶，直至扑灭。

扑救容器内火灾时，仓库管理员应从容器上部的一侧向容器内喷射，但不要使二氧化碳直接冲击到液面上，以免将可燃液体冲出窗口而扩大火灾。

6.5.2 设备2：消火栓箱

消火栓箱是指安装在建筑物内的消防给水管道上，由箱体、室内消火栓、消防接口、水带、水枪、消防软管卷盘及电气设备等消防器材组成的，具有给水、灭火、控制、报警等功能的箱状固定式消防设施。

（1）消火栓箱操作方式

仓库管理员在使用室内消火栓时，应遵循图 6-10 所示的方式操作。

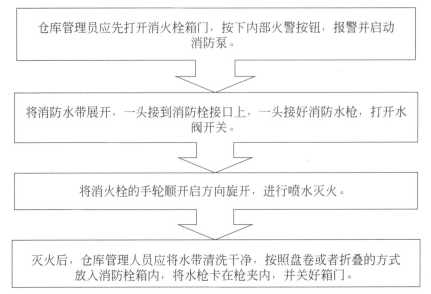

图 6-10　室内消火栓操作方式

（2）消火栓箱检查

① 仓库管理员应检查消火栓、水枪、水带、消防水喉是否齐全完好，有无生锈漏水的现象，并进行放水检查，如果发现问题要及时检修。

② 检查报警按钮、指示灯以及报警控制线路是否正常无故障，防火水泵在报警后是否能够正常供水。

③ 检查消火栓箱的外观以及箱内配有的消防部件的外观有无损坏，涂层是否脱落，箱门玻璃、水带架是否完好，消火栓箱体是否生锈，箱门是否能开启。

④ 对仓库内消防栓的维护，仓库管理员应保持消火栓干燥清洁。为了防止消火栓生锈，需在消火栓手轮丝杆等转动部位定期涂抹润滑油。

6.5.3　设备3：消防水桶

消防水桶通常较小，由钣金钢板制成，且形状为半圆台形，以红色漆喷涂。

（1）消防水桶使用方法

在仓库火势不太大时，仓库管理人员用消防水桶盛装沙子，扑灭油脂镁粉等燃烧物。消防水桶呈现半圆台形，可以在扑灭火灾时有效散开桶内沙子，增大灭火的面积。

消防水桶也可以在灭火过程中在地面上铲水辅助灭火。

（2）消防水桶要求

在仓库每 $50m^2$ 范围内至少需要配备一个消防水桶，独立的库房至少要配备四个。消防水桶应置于出入口外墙明显易取处，确保仓库管理员能及时取到。在储存液体燃料、可燃金属的仓库附近，还需要配备沙子，并用红色木箱式桶盛装。

第7章
物资出库管理

7.1 订单处理步骤

7.1.1 步骤1：明确订单核对要项

接到物资出库单后，仓库管理员要对如图7-1所示问题进行认真核对。

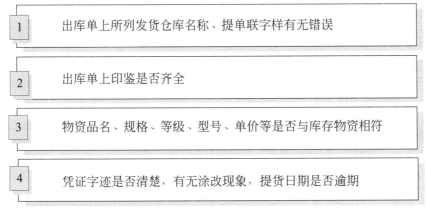

图7-1 订单核对要项

7.1.2 步骤2：审核物资出库订单

进行物资出库审核时，主要需对物资出库单据进行审核，确定物资品名、型号、规格、数量是否与实际库存相符、与出库物资相同，确定提货时间是否有效、出库凭证是否合法有效，印章签名是否齐全等，仓库管理员主要审核单据为提货单。

提货单是提货人向仓库提取物资的正式凭证，主要用于因产品销售而产生的出库，其基本格式及内容如表7-1所示。

表7-1 提货单

提货单位：　　　　　　　　　　　　　　　　　提货日期：　　年　月　日

物资名称	物资规格	单位	数量	单价	金额	备注
金额(大写)	佰	拾	万	仟	佰	拾　元　角　分　￥：
负责人	会计	记账	出纳	制票		

第7章 物资出库管理

7.1.3 步骤3：处理订单核对异常

出库订单审核若无误，即可组织物资出库。但如果在审核出库订单时发现了问题，应该按照一定方式处理，如图7-2所示。

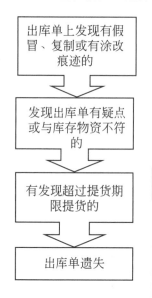

- ◆ 仓库管理员应及时与保卫部门及领导联系，请其妥善处理
- ◆ 仓库管理员应立即同制票人员取得联系，及时查明或更正
- ◆ 仓库管理员应请客户重新办理提货手续
- ◆ 遗失人先到制票员处挂失，然后到仓库管理员处挂失
- ◆ 如挂失及时，货已被提走，仓库管理员虽不需负责任，但应该协助破案；如挂失及时，货未被提走，仓库管理员应做好挂失登记，将原凭证作废，等待客户补办提货手续后再发货

图7-2 出库单出现问题时常见的处理方式

7.2 物资分拣与补货步骤

7.2.1 步骤1：物资分拣

仓库管理员接收物资分拣要求后，需要按照一定的工作步骤完成分拣工作，具体工作步骤如图7-3所示。

（1）确认分拣任务

仓库管理员接收分拣任务后需要和管理人员确认，明确是否需要分拣、分拣所需人员、分拣所需时间等。

（2）选择分拣方法

根据不同拣货需求可以选择不同分拣方式，具体方式如表7-2所示。

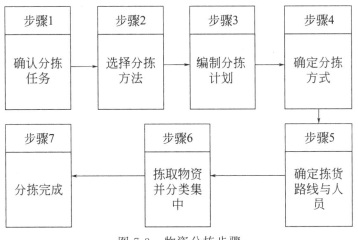

图 7-3 物资分拣步骤

表 7-2 分拣方法表

拣货需求	分拣方法
按人员组成	单独分拣方式和接力分拣方式
按订单组合	按单分拣和批量分拣
按分拣信息	拣单分拣、标签分拣、电子标签分拣
按运动方式	人至货前分拣和货至人前分拣

（3）编制分拣计划

分拣计划是根据客户的订单编制而成。配送中心接到订货信息后对订单的资料进行确认、存货查询和单据处理，根据顾客要求确定分拣时间，编制分拣计划。

（4）确定分拣方式

拣货员根据物资情况确定分拣方式，拣货通常有按单分拣、批量分拣及复合分拣三种方式，具体内容如表 7-3 所示。

表 7-3 分拣方式

分拣方式	具体内容
按单分拣	分拣人员针对每一份订单，按照订单所列物资及数量，将物资从储存区域或分拣区域拣取出来，集中在一起
批量分拣	分拣人员将多张订单集合成一批，按照物资品种类别加总后进行拣货，再依据不同客户或不同订单分类集中
复合分拣	分拣人员为克服按单分拣和批量分拣的缺点，把按单分拣和批量分拣组合起来进行复合拣取

（5）确定拣货路线及分派拣货人员

配送中心将订单资料进行计算机处理，生成并打印出拣货单，拣货员根据拣货单所指示的信息，明确物资所处的位置，确定合理的拣货路线进行拣货作业。

（6）拣取物资并分类集中

拣货员应根据发货计划及所拣取物品的具体情况，选用恰当的分拣方式，运用分拣设备将物资拣取出来并分类集中，具体内容如下。

① 对于小体积、小批量、搬运重量在人力范围内、拣出货频率不是特别高的物品，拣货员可以采取手工方式拣取。

② 对于体积大、重量大的物资可以利用升降叉车等搬运机械辅助作业。

③ 对于出货频率很高的可以采取自动拣货系统。

④ 拣货员把所拣取的物资根据不同的客户或送货路线分类集中，统一出货。

（7）分拣完成

上述工作完成后，仓库管理员需要将分拣用品清理完成，至此分拣工作完成。

7.2.2 步骤2：物资补货

仓库管理员接到物资补货申请后，需要在规定时间内完成补货工作，具体工作步骤如图7-4所示。

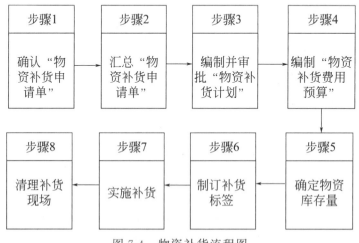

图7-4 物资补货流程图

（1）确认"物资补货申请单"

① 仓库管理员在接收到"物资补货申请单"后，应对其内容进行确认，确保补货作业的准确性和有效性。

② 仓库管理员应按照公司规定为确定后的"物资补货申请单"进行编号，保证一张订单对应一个编号，并更新部门物资配送档案。

（2）汇总"物资补货申请单"

① 确认申请后，仓库管理员负责将"物资补货申请单"输入物资管理系统，并对物资库存进行查询，确认现有的库存是否能够满足补货需求，如果不能满足，则看是否可用其他物资进行替代、过期交货、补货或重新分配存货等。

② 库存查询完毕后，仓库管理员应对所有的"物资补货申请单"进行有效的汇总、分类，以保证库存调拨和后续物流作业有效进行。

（3）编制并审批"物资补货计划"

仓库主管应根据汇总的"物资补货申请单"编制"物资补货计划"，上报仓储部经理审批。审批通过后，方可执行。

（4）编制"物资补货费用预算"

补货计划通过后，仓库主管应编制"物资补货费用预算"，确认对各类物资进行补货所需要的资金，便于保证各项业务的顺利开展。

（5）确定物资库存量

在物资配送运输后，仓库主管根据"物资补货计划"对剩余物资进行统计，确认补货的具体数量等。

（6）制订补货标签

仓库主管确认补货数量后，应对剩余物资统计结果进行确认，设置库存物资的最大库存量。确定属于缺货时，将暂时缺货标签放置在货架上。

（7）实施补货

在实施补货时，仓库主管应组织仓库管理员检查物资的质量、外包装以及条形码是否完好，价格标签是否正确等，并指导仓库管理员按区域、依货架的顺序进行补货。

（8）清理补货现场

货架补齐后，仓库管理员要及时清理通道的垃圾和存货，保证补货现场的清洁。

7.3 物资包装步骤

7.3.1 步骤1：明确物资包装要求

物资出库时，出库物资需要达到符合运输方式所要求的包装，以达到保护物资、便利流通、促进运输、方便生产等目的。出库物资中一般物资与危险品物资也具有不同的要求，具体内容如下所示。

（1）一般物资包装要求

一般物资的包装要求如图7-5所示。

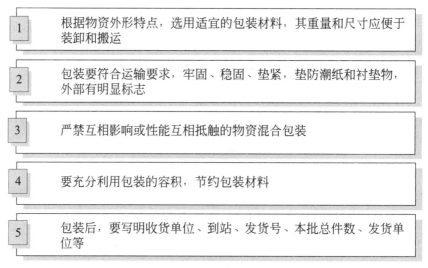

1	根据物资外形特点，选用适宜的包装材料，其重量和尺寸应便于装卸和搬运
2	包装要符合运输要求，牢固、稳固、垫紧，垫防潮纸和衬垫物，外部有明显标志
3	严禁互相影响或性能互相抵触的物资混合包装
4	要充分利用包装的容积，节约包装材料
5	包装后，要写明收货单位、到站、发货号、本批总件数、发货单位等

图7-5 一般物资包装要求

（2）危险物资包装要求

在进行危险物资包装时，应该遵循如图7-6所示的要求。

7.3.2 步骤2：掌握包装标志与技术

（1）掌握包装标志

① 包装储运图示标志。物资包装上的储运标志是根据物资的性质，在包装的一定位置上以简单醒目的图案和文字显示物资在运输、搬运、装卸、储存、堆码和开启时应注意的事项。

1	包装材料的材质、规格和包装结构应与所装危险物资性质和重量相适应。包装材料不得与所装物产生危险反应或削弱包装强度
2	充装液态物资的包装容器内至少留有5%的余量
3	液态危险物资要做到气密封口;对须装有通气孔的容器,其设计和安装应能防止物资流出和杂质、水分进入;其他危险物资的包装应做到严密不漏
4	包装应坚固完好,能抗御运输、储存和装卸过程中正常的冲击振动和挤压,并便于装卸和搬运
5	包装的衬垫物不得与所装物资发生反应而降低安全性,应能防止内装物移动和起到减震及吸收作用
6	包装表面应保持清洁,不得黏附所装物质和其他有害物质

图 7-6 危险物资包装要求

《包装储运图示标志》(GB 191—2008)对标志的名称、图形、尺寸、颜色和使用要求等做了明确规定,具体内容如下所示。

a.标志的名称及图形。物资包装储运标志有17类,其名称及图示如表7-4所示。

表 7-4 物资包装储运标志名称及图形

标志名称	标志图形	含义	标志名称	标志图形	含义
易碎物品	 易碎物品	表明包装件内装易碎品,搬运时应小心轻放	禁用叉车	 禁用叉车	表明不能用升降叉车搬运
禁用手钩	 禁用手钩	表明搬运运输包装件时禁用手钩	由此夹起	 由此夹起	表明装运物资时可夹持的面

续表

标志名称	标志图形	含义	标志名称	标志图形	含义
向上	向上	表明运输包装件的正确位置是竖直向上	此处不能卡夹	此处不能卡夹	表明装卸物资时不能夹持的面
怕晒	怕晒	表明运输包装件不能直接照晒	堆码质量极限	...kg$_{max}$ 堆码质量极限	表明该运输包装件所能承受的最大质量极限
怕辐射	怕辐射	表明包装物品一旦受辐射便会完全变质或损坏	堆码层数极限	堆码层数极限	表明可堆码相同运输包装件的最大层数,n 表示从底层到顶层的总层数
怕雨	怕雨	表明包装件怕雨淋	禁止堆码	禁止堆码	表明该包装件只能单层放置
重心	重心	表明该包装件的重心位置,便于起吊	由此吊起	由此吊起	表明起吊货物时挂绳索的位置

续表

标志名称	标志图形	含义	标志名称	标志图形	含义
禁止翻滚	禁止翻滚	表明搬运时不能翻滚该运输包装	温度极限	温度极限	表明该运输包装件应该保持的温度极限
此面禁用手推车	此面禁用手推车	表明搬运物资时此面禁放手推车上			

b. 标志的尺寸。标志外框为长方形，其中图形符号外框为正方形，尺寸一般分为 4 种，如表 7-5 所示。如果包装尺寸过大或过小，可等比例放大或缩小。

表 7-5　包装储运标志的尺寸

序号	图形符号外框尺寸/mm	标志外框尺寸/mm
1	50×50	50×70
2	100×100	100×140
3	150×150	150×210
4	200×200	200×280

c. 标志的颜色。标志颜色一般为黑色。

如果包装的颜色使得标志显得不清晰，则应在印刷面上用适当的对比色，黑色标志最好以白色作为标志的底色。

必要时，标志也可使用其他颜色，除非另有规定，一般应避免采用红色、橙色或黄色，以避免同危险品标志相混淆。

② 危险物资包装标志。危险物资包装标志是危险品物资包装上特定的标记，表明危险物资的类别和性质，以便物流各个环节有关人员严格按照作业要求，采

取防护措施，保证安全。

《危险货物包装标志》(GB 190—2009)对标志的类别、名称、尺寸、图案、颜色和使用方法等都做了明确的确定。

标志分为标记和标签，标记4个，如表7-6所示；标签26个，如表7-7所示。其图形分别标示了9类危险货物的主要特性。

表7-6 危险货物包装标记

序号	标记名称	标记图形
1	危害环境物质和物品标记	(符号:黑色;底色:白色)
2	方向标记	(符号:黑色或正红色;底色:白色)
		(符号:黑色或正红色;底色:白色)
3	高温运输标记	(符号:正红色;底色:白色)

表 7-7　危险物资包装标签

序号	标签名称	标签图形	对应的危险货物类项号
1	爆炸性物质或物品	（符号:黑色;底色:橙红色）	1.1、1.2、1.3
		（符号:黑色;底色:橙红色）	1.4
		（符号:黑色;底色:橙红色）	1.5
		（符号:黑色;底色:橙红色） ＊＊项号的位置—— 如果爆炸性是次要危险性,留空白 ＊配装组字母的位置—— 如果爆炸性是次要危险性,留空白	1.6

第 7 章　物资出库管理

续表

序号	标签名称	标签图形	对应的危险货物类项号
2	易燃气体	(符号:黑色;底色:正红色) / (符号:白色;底色:正红色)	2.1
	非易燃无毒气体	(符号:黑色;底色:绿色) / (符号:白色;底色:绿色)	2.2
	毒性气体	(符号:黑色;底色:白色)	2.3

续表

序号	标签名称	标签图形	对应的危险货物类项号
3	易燃液体	(符号:黑色;底色:正红色)	3
		(符号:白色;底色:正红色)	
4	易燃固体	(符号:黑色;底色:白色红条)	4.1
	易于自燃的物质	(符号:黑色;底色:上白下红)	4.2
	遇水放出易燃气体的物质	(符号:黑色;底色:蓝色)	4.3
		(符号:白色;底色:蓝色)	

第 7 章 物资出库管理　139

续表

序号	标签名称	标签图形	对应的危险货物类项号
5	氧化性物质	（符号:黑色;底色:柠檬黄色）	5.1
	有机过氧化物	（符号:黑色;底色:红色和柠檬黄色） （符号:黑色;底色:红色和柠檬黄色）	5.2
6	毒性物质	（符号:黑色;底色:白色）	6.1
	感染性物资	（符号:黑色;底色:白色）	6.2

续表

序号	标签名称	标签图形	对应的危险货物类项号
7	一级放射性物质	(符号:黑色;底色:白色,附一条红竖条) 黑色文字,在标签下半部分写上: "放射性" "内装物_____" "放射性强度_____" 在"放射性"字样之后应有一条红竖条	7A
	二级放射性物质	(符号:黑色;底色:上黄下白,附两条红竖条) 黑色文字,在标签下半部分写上: "放射性" "内装物_____" "放射性强度_____" 在一个黑色框格内写上:"运输指数" 在"放射性"字样之后应有两条红竖条	7B

续表

序号	标签名称	标签图形	对应的危险货物类项号
7	三级放射性物质	(符号:黑色;底色:上黄下白,附三条红竖条) 黑色文字,在标签下半部分写上: "放射性" "内装物_____" "放射性强度_____" 在一个黑色框格内写上:"运输指数" 在"放射性"字样之后应有三条红竖条	7C
	裂变性物质	(符号:黑色;底色:白色) 黑色文字 在标签上半部分写上:"易裂变" 在标签下半部分的一个黑边框格内写上:"临界安全指数"	7E

续表

序号	标签名称	标签图形	对应的危险货物类项号
8	腐蚀性物质	（符号：黑色；底色：上白下黑）	8
9	杂项危险物质和物品	（符号：黑色；底色：白色）	9

③ 标志的尺寸。危险物资包装标志的尺寸一般分为四种，具体内容如表7-8所示。

表 7-8 标志的尺寸

尺寸号别	长/mm	宽/mm
1	50	50
2	100	100
3	150	150
4	250	250

注：如遇特大或特小的运输包装件，标志的尺寸可按规定适当扩大或缩小。

（2）掌握包装技术

对物资进行包装时可采用充填、装箱、裹包、封口、集合包装和调节包装件内气体这6种技术，具体如表7-9所示。

表 7-9　物资包装技术

技术	包装技术介绍	适用范围
充填	◆ 充填是指将内装物按要求的数量装入包装容器的技术 ◆ 充填技术主要有固体内装物填充法和液体内装物填充法、气体填充法三种	◆ 充填技术主要用于销售包装,有时也用于运输包装 ◆ 流动性较差的产品,常选用带有震动进料系统、螺旋推进系统、真空推进系统的充填机械充填
装箱	◆ 装箱技术包括箱盖装入式、裹式、套入式 ◆ 箱盖装入式装箱法是指将内装物沿垂直方向装入箱内 ◆ 裹式装箱法是指在裹包式装箱机上将末端伸出的裹包材料热压封闭,或用热熔胶封箱 ◆ 套入式装箱法是指将箱子自上而下地套在产品上	◆ 裹式装箱法适用于塑料瓶、玻璃瓶、易拉罐等 ◆ 套入式装箱法常用于包装较贵重的大件物资(如电冰箱、洗衣机等)
裹包	◆ 扭结式,即用一定长度的包装材料将产品裹成圆筒形,其接缝处不需要粘接或热封,将开口端部分向规定的方向扭结 ◆ 折叠式,即从卷筒材料上切下一定长度的材料,将材料裹在被包装物上,用搭接方式将其包成桶状,然后折叠两端并封紧 ◆ 裹包技术可以结合收缩包装和拉伸包装技法使用	
封口	◆ 封口是指将产品装入包装容器后封上容器封口 ◆ 封口技术有封闭物封口法和黏合法	◆ 适用于纸、木材、塑料、金属等各种包装物
集合包装	◆ 将若干包装件或物资组合成一个合适的运输单元或销售单元 ◆ 一般采用集装箱、托盘集合包装	
调节包装件内气体	◆ 真空包装,即将物资装入气密性容器后,在容器封口之前抽去里面的空气,使密封后的容器内基本形成真空 ◆ 脱氧包装,即在密封包装容器中使用脱氧剂来除去其中的氧气 ◆ 无菌包装,即先将食品和容器分别杀菌并冷却,然后在无菌室内进行包装和密封 ◆ 硅窗气调包装,即在塑料袋上烫接一块硅橡胶窗,通过硅橡胶窗上的微孔调节袋内气体成分	

7.3.3 步骤3：准备物资包装工具

物资包装工具主要包括包装容器、包装机械（包装机械已在第6章详细说明，下文不做具体介绍），仓库管理员在准备包装工具时需要根据物料特征进行准备。

仓库常见的包装容器有包装袋、包装盒、包装箱、包装瓶及包装罐五种。

（1）包装袋

包装袋一般采用挠性材料制成，有较高的韧性、抗拉强度和耐磨性。包装袋是筒管状结构，一端预先封死，在包装结束后再封装另一端，一般采用充填操作。包装袋广泛适用于运输包装、商业包装、内装、外装，一般分成表7-10所示的三种类型。

表7-10 包装袋的类型

类型	说明
集装袋	◆ 大容积的运输包装袋，多用聚丙烯、聚乙烯等聚酯纤维纺织而成，盛装重量在1t以上 ◆ 顶部一般装有金属吊架或吊环等，便于铲车或起重机的吊装、搬运，底部有卸货孔，打开后便可卸货，操作方便 ◆ 集装袋适合用作颗粒状、粉状物资的运输包装
一般运输包装袋	◆ 大部分是由植物纤维或合成树脂纤维纺织而成的织物袋，或者是由几层挠性材料构成的多层材料包装袋 ◆ 盛装重量是0.5～100kg ◆ 主要用作粉状、粒状和个体小的物资的外包装或运输包装
小型包装袋	◆ 通常由单层材料或双层材料制成，对某些具有特殊要求的包装袋也有用多层不同材料复合而成 ◆ 承重量较小，适合用作液状、粉状、块状和异形物等物资的内部包装或商业包装
气泡袋	◆ 气泡袋主要使用高压聚乙烯气泡膜经过切膜加工，把气泡膜切成需要制袋规格尺寸，然后通过气泡膜专用制袋机（热烘热切制袋机）进行袋子的制作加工 ◆ 主要运用于电子产品缓冲包装，塑料制品、金属制品、陶瓷制品、玻璃制品以及需要缓冲保护的其他产品的物流运输保护

（2）包装盒

包装盒所采用的材料有一定挠性，不易变形，有较高的抗压强度，其结构一般是形状规则的立方体，且根据实际需要也可制成圆盒状、尖角状等形状。

包装盒适合包装块状及各种异形物资，但由于其整体强度及包装量都不大，不适合作运输包装，主要用于商业包装、内包装。

（3）包装箱

包装箱的结构与包装盒相同，但容积要大于包装盒。一般由刚性或半刚性材料制成，有较高强度且不易变形。

包装箱的整体强度高，抗变形能力强，包装量大，被广泛地使用于固体杂货的运输包装、外包装，常用的包装箱有4种，具体内容如表7-11所示。

表7-11 包装箱种类

包装箱种类	具体内容
瓦楞纸箱	瓦楞纸箱是用瓦楞纸板制成的箱形容器，适用于作运输包装、销售包装、生产资料包装及生活资料包装
木箱	木箱是物资运输中常用的一种包装容器，用量仅次于瓦楞纸箱。它具有防止碰裂、溃散、戳穿的性能，有较大的耐压强度，能承受较大负荷，且制作方便，能装载多种性质不同的物资，但其箱体较重，体积也较大，且本身没有防水性
塑料箱	塑料箱一般用作小型运输包装容器，它的自重轻、耐蚀性好，可装载多种物资，整体性强，强度和耐用性能满足反复使用的要求，可制成多种色彩以对装载物分类，且与木箱相比，塑料箱没有木刺、不易伤手，便于手握搬运
集装箱	集装箱是由钢材或铝材制成的大容积物流装运设备，从包装角度看，它属一种大型包装箱，可归属于运输包装的类别之中，也是大型反复使用的周转型包装

（4）包装瓶

包装瓶所用材料有较高的抗变形能力，刚性、韧性要求也较高，个别包装瓶在受外力时虽可发生一定程度变形，但外力一旦撤除，仍可恢复原来形状，其容量一般不大，主要用作液体、粉状货物的商业包装、内包装。

（5）包装罐

包装罐所用的材料强度较高，罐体抗变形能力强，可用于运输包装、外包装，也可用于商业包装、内包装。企业中常见的包装罐主要有三类，具体如表7-12所示。

表 7-12　包装罐的种类

包装罐种类	具体内容
小型包装罐	外形是典型的罐体,可用金属材料或非金属材料制造,容量不大,一般用于销售包装、内包装
中型包装罐	外形也是典型罐体,容量较大,一般用于化工原材料、土特产的外包装和运输包装
集装罐	大型罐体,外形有圆柱形、圆球形、椭球形等,以及卧式、立式,其往往设置两个口,一口装货,一口卸货,是典型的运输包装,适合包装液状、粉状及颗粒状物资

7.3.4　步骤 4：开展物资包装工作

物资包装从准备、包装到出库要按照一定工作步骤进行,具体工作步骤如图 7-7 所示。

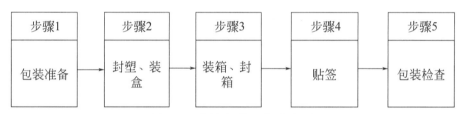

图 7-7　物资包装工作步骤图

（1）包装准备

包装人员开始工作前应做好如下准备工作。

① 包装人员准备包装所需的生产用具,凭包装指令到仓库领取包装产品。

② 包装人员按包装计划领取合格的包装材料（包括纸箱、标签、小盒、中盒、封口证、说明书等）。

③ 包装人员调校打印标签的批号和有效期。

（2）封塑、装盒

包装人员使用热缩膜对物品进行封装,将塑封好的物品装入相应的产品包装盒中,并使用泡沫纸填塞缝隙。

（3）装箱、封箱

包装人员应先用透明胶带将纸箱箱底的中缝封牢,再将包装盒依次放入箱内进行封箱,且应在包装外箱内部四周使用泡沫纸进行铺垫,以保护物品完好。如有物资装箱单,则需要在装箱前放入。

（4）贴签

包装人员按要求在箱子指定的位置分别打印品名、规格、批号、生产日期、有效期、数量等，标签粘贴位置应统一，不能出现盖住纸箱印字、超出纸箱边缘、皱褶、贴反等现象。

（5）包装检查

包装检查人员对已包装的物资进行检查，检查的事项具体包括：

① 包装上印制商标的使用是否规范、合理，是否侵犯第三方的商标权益。

② 包装上印制的宣传用语、文字表述是否符合法律法规的规定。

③ 包装上涉及的图片是否拥有版权或许可使用权，图片所反映的内容是否符合法律法规的规定。

④ 检查标志是否清晰，包括厂名、厂标、产品名称、型号、包装数量、重量及必要的其他标志。

⑤ 每件包装物内应有装配清单、产品合格证及必要的技术文件（如安装使用说明书等）。

⑥ 产品必须在标准规定的检验和试验结束并判定合格后方可进行包装。

7.4 成品出库步骤

7.4.1 步骤1：明确成品出库要求

成品出库不论采取何种形式，仓库管理员都必须按照一定的手续、要求进行操作，具体的成品出库要求如下所示。

（1）成品出库包装要求

包装要求前文已经介绍，此处不再重复。

（2）成品出库凭证要求

出库凭证是成品出库的依据，仓库接到出库凭证后，仓库管理员应审核单证上的印鉴是否齐全、相符，凭证上所列成品的名称、规格、数量等是否有误，检查无误后方可备料。

当表7-13所示的4项手续齐全，并且内容无误后，方可为成品办理出库。

表 7-13 成品出库凭证

名称	内容	开具部门
发货通知书	内容包括通知日期、订单编号、客户名称、税务登记号、联系人、产品名称、送货日期、客户地址、联系电话、成品规格、尺寸、颜色、数量、净重、单价、总价、备注、通知单编号	业务部门
成品出库单	内容包括产品名称、规格、型号、单位、出库数量、单价、总金额、备注	仓储管理部
合格证	合格证是生产者为表明出厂的产品经质量检验合格,附于产品或者产品包装上的合格证书、合格标签或合格印章内容包括产品型号、名称、规格、生产单位及地址、执行产品的标准号、检验项目及检验结论,成批交付的成品还应有批量、批号、抽样受件的件号、产品检验日期、出厂日期、检验员签名或盖章	质量技术监督局
提货单	提货单位、发货单位、提货依据(××合同及合同编号)、产品详细信息(质量情况、单价、数量、包装规格、应发件数、实发件数)、提货人姓名、提货人身份证号、提货单位有效期、车牌号	业务部门

（3）先进先出要求

先进先出是指对成品按照入库顺序,出库时,先入库的成品先发出。先进先出的实施主要有 4 种方式,如表 7-14 所示。

表 7-14 先进先出实施方式

序号	实施方式	说明
1	利用标志颜色实施	将成品入库时间标志做成 12 种颜色,每个月使用 1 种颜色,一批成品入库后,按照入库月份,在成品货架明显处放置相应颜色的标志,同一个月入库的成品还应标明具体入库日期。发放成品时选择最早入库时间的成品优先发放
2	利用放置位置实施	按入库顺序从右向左或从左向右依次放置成品,每垛成品分别标记日期和批号,前面的成品发放完后,将后面的成品推到前面的位置
3	利用成品编号实施	对入库成品按照前后顺序进行编号并输入电脑保存,发放成品时查找最早的编号,按编号发放成品
4	利用外包装的标志实施	成品入库后在外包装明显处标明入库时间,出库时先发放入库时间最早的成品

7.4.2 步骤 2：做好成品出库准备

为保证各类成品快速、准确地出库，及时投入使用或进入市场，成品在出库发货前，仓库管理员应协调配合相关人员做好成品出库准备工作，具体准备事项有 9 点，如表 7-15 所示。

表 7-15 成品出库准备事项

序号	准备事项	具体内容
1	接受发货单	◆ 仓库管理员应及时受理销售部提交的发货单，并对成品的品名、型号、规格、价格等进行核实 ◆ 仓库管理员应通过成品管理系统完成成品的预点工作，在必要的情况下及时进行补货
2	出库准备的合理组织	◆ 仓库管理员应根据发货单评估企业仓储部的实际情况，对仓库准备工作进行合理的计划与安排 ◆ 制订出库准备工作计划书，内容包括出库准备相关工作的职责明细、成品的分拣程序与方法、所需包装材料及器具、成品包装的方法和要求、所需装车机具等具体内容
3	出库文件的准备	◆ 仓库管理员应对成品的出库凭证进行核对，在核无误的情况下出具成品出库单 ◆ 仓库管理员应在主管的领导下，完成拣货作业单、包装说明表、发运成品明细表等文件的编制工作 ◆ 成品出库单上应注明成品所处的货区和库位编号，以提高工作效率
4	成品的分拣	◆ 仓库管理员根据出库准备工作计划和拣货作业单，安排配货人员实施成品分拣 ◆ 在拣货完毕后，仓库管理员应组织检查分拣出来的成品，确保成品与成品出库单完全一致
5	成品的组装分配	◆ 仓库管理员应根据客户的需求组织配货人员做好成品的组装分配工作，对需要拆零出库的成品事先做好准备，备足零散成品，对于需要拼箱的情况，应及时做好成品的挑选、分类、整理和配套等准备工作
6	包装材料及器具的准备	◆ 配货人员应根据成品的性质、运输的要求和出库准备工作计划书中的要求，准备好包装所需的材料、衬垫物、刷写标志的用具、标签、颜料和钉箱、打包等工具

续表

序号	准备事项	具体内容
7	成品的包装整理	◆ 配货人员需检查分拣出来的成品原来包装的情况,对不符合运输要求的包装进行整理、加固或改换包装 ◆ 在处理完毕后,配货人员应对成品进行运输包装,并粘贴标志,确保其在运输途中的质量
8	仓容及装车机具的安排	◆ 待运成品准备完毕后,仓库管理员应及时组织配货人员整理出必要的理货场地,并整理好仓容 ◆ 仓库管理员组织配货人员准备好必要的装车设备,以便运输人员及时装载成品,加快发货速度
9	成品出库准备的检查复核	◆ 仓库管理员应对出库准备工作的进度和质量进行检查、复核,确保准备好的成品与成品出库单完全一致 ◆ 仓库管理员应及时编制出库准备工作总结报告,并做好相关文件资料的整理、归档工作

7.4.3 步骤3:安排成品出库装车

成品装车是指将成品以最便捷、最适当的方式安排在运输车辆上,以最少的运力来满足配送的需要。装车工作需充分利用车辆的容积和载重量,做到满载满装,从而降低运输成本。

在成品装车时,需坚持方便装车、充分利用运输工具、保证成品安全的原则进行。装车的具体程序如表7-16所示。

表7-16 成品装车的程序

程序	具体说明
装车前的准备	◆ 掌握车辆的主要技术性能、结构特点、设备特点以及营运经济性能 ◆ 掌握成品的理化特性、积载因数以及特殊成品具体的措施要求 ◆ 掌握装车的原则和注意事项
确定装车方式	考虑成品的性质及包装,选择最适当的装车方法,有以下3种 ◆ 人工装车,全部使用人力,不借用其他方法,此种方法不安全、不经济,浪费体力与时间,应尽量少用 ◆ 工具装车,如手推车、叉车、电动平板车等 ◆ 设备装车,在成品体积大、搬运距离长、方向固定的情况下使用,具体的设备有吊车、传送带等

续表

程序	具体说明
配置和使用装车机具	◆ 合理配置和使用装车机具,力求减少装车次数和缩短装车路径
实施装车作业	◆ 在具体装车时,需充分利用车厢载重量、容积,并根据所配送成品的性质和包装来确定堆积的行数、列数、层数及码放的规律,进行装车
车辆载重评估	◆ 确认载重是否超标

在进行成品装车时需遵循如图 7-8 所示的要点。

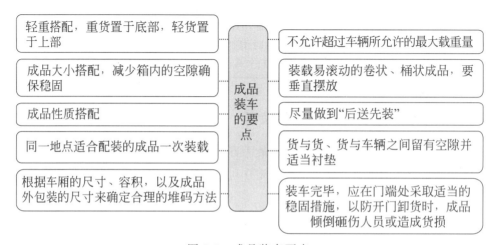

图 7-8　成品装车要点

7.4.4　步骤 4：登记成品出库记录表

（1）登记前检查

仓库管理员在登记成品出库记录表前,应对 4 项内容进行检查,具体内容如表 7-17 所示。

表 7-17　登记前检查事项

检查事项	具体内容
检查运单	◆ 运输公司的名称、运号、车号 ◆ 出库产品的型号、数量、订单号、批号 ◆ 转运地与目的地

续表

检查事项	具体内容
检查装箱数量、包装状态	◆ 产品的流水号 ◆ 码垛放置的层数与行数 ◆ 货与货柜之间的间隙 ◆ 成品受挤压的程度 ◆ 装载的程度
检查装箱后锁闭状态	◆ 门闩是否拴好 ◆ 铅封的封闭状态是否良好
其他	◆ 装车的起止时间 ◆ 运输保险相关事宜 ◆ 通关资料的准备情况、经手人等

（2）成品出库记录单

成品出库记录单如表7-18所示。

表7-18 成品出库记录单

车牌号						转运国家/地区				
货柜号						转运城市/港口				
运输单位						目的国家/地区				
运单号		司机姓名				目的城市				
序号	品名	型号	数量	单位	订单号	包装状态	箱数	货盘数	流水号	备注
进入时间			开始时间				完成时间			
其他事项说明										
经手人：			批准人：			司机：			日期：	

7.4.5 步骤5：编制成品出库报告

在出库作业的所有流程中，分拣作业是劳动最密集、成本最高的作业之一，也是企业降低仓储成本以及提高生产力的关键作业。企业应总结分拣作业问题，提出合理化建议，提高仓库的作业效率以及经营效率。下面是一则××仓库分拣作业问题与改进建议报告。

报告名称	××仓库分拣作业问题与改进建议报告	编　　号	
		受控状态	

一、仓库分拣业务发展概况

（一）仓库概况

目前仓库面积280m^2，分有2层，层高4.5m，每层均有独立仓库，实行封闭式管理，库内设有大型停车场，大货车可以随意进出掉头，配有2t承重电梯4部，叉车8辆，托盘20个，传送带2条，无动力推车20辆，还设有司机休息区、吸烟区、办公区等。

（二）分拣作业概述

分拣作业是分拣人员根据订单地址，按本企业内部自我编列的分拣路向，运用合适的分拣方式，逐件分入相关格口或码堆的过程。

（三）分拣作业方式

当前本仓库常用的分拣作业方式有3种，分别是手工分拣、半自动分拣、自动分拣。

二、分拣作业存在的问题

（一）问题一：分拣流程复杂

现有流程如下。

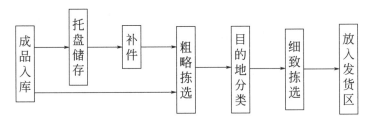

1.当前分拣流程主要依靠人工识别、人工搬运、人工核对，导致分拣过程中环节较多。

2.当前流程成品要先经过粗分，分至相应的大区，然后经过若干次细分才可以完成分拣。

（二）问题二：分拣路径不合理

现有路径如下。

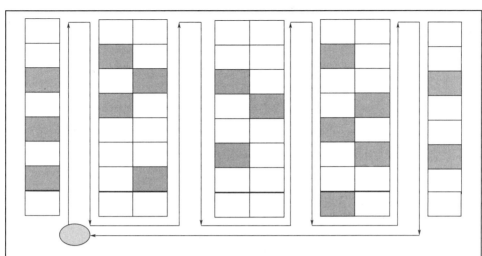

1.两侧物资的拣取需要两次走过同一通道,走了很多"冤枉路"。
2.可能会出现通道拥挤现象。

(三)问题三:机械化程度低
1.基本采用纯人工分拣方式,分拣人员工作强度大,效率低。
2.两台带式传输机已经老化,经常出现故障。
3.大量的人工操作导致物资损坏率大,作业效率低。

(四)问题四:信息化水平低
1.依靠人工识别物品地址,然后判断该物品分至何处,分拣错误率高。
2.当前分拣方式为分拣人员针对每一份订单,按订单所列物资及数量,将物资从储存区域或分拣区域拣取出来,然后集中在一起,这种方式对于物资品项较多时,分拣行走路径长,拣取效率低。

三、分拣作业分析与建议

(一)优化作业流程

分拣作业效率的高低会直接影响到成品的流转效率,仓库应整合现有流程,不断进行优化与创新,提高作业效率,建议如下:

1.将单品与箱装成品分区分拣与集中。
2.确定收件地址后,将相关信息录入到系统中,生成相应的编码,在分拨中心,根据这个编码,将成品分派到编码所属地区。
3.将多张订单合成一批,进行批量分拣。首先按照成品类别加总,然后依据不同客户或不同订单分类集中分拣。

(二)增加机械辅助

由于其他同类仓库目前多采用机械化操作替代人工操作,因此本仓库可以增加机械辅助,以提高同行业竞争力,建议如下:

1.增加叉车、托盘、集装箱,将一些零星物品集合成一个较大的单元,减轻劳动强度。
2.架设起重运输设备(如库房内龙门起重机、桥式起重机),提高仓容利用率,提高分拣效率。

3.在各个分拣区添置小型传送带,辅助完成人工分拣,使分拣流水线发挥出更大功效。

4.优化现有设备,做好设备衔接配套。

(三)缩短分拣人员行走路径

穿越式路径方法简单易执行,很多仓库都在应用,尤其适合拣货密度高的情况。分拣人员从通道一端进入,同时拣取通道两侧货架上的物品,最后从通道另一端离开,行走路径近似"S"形,改进后路径如下:

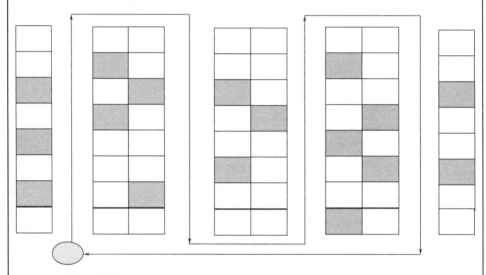

(四)增加网络辅助

仓库可通过网络辅助,实现自动化作业,大部分无人操作,误差较小,如引入无纸化分拣系统(自动分拣机分拣系统、机器人分拣系统、自动分拣系统等)。

四、结束语

通过对分拣作业中问题的总结与改进,可以合理配置资源,使得人员、设备配合流畅,不依赖人工,实现无纸化作业,有效地提高分拣作业的效率与正确率。

×××(报告人/部门)

二〇××年××月××日

编写人员		指导人员	
主送部门		抄送部门	
报告意见			

第8章
仓库安全卫生管理

8.1 仓库安全管理制度

8.1.1 制度1：仓库作业安全制度

仓库作业安全关系到企业员工的人身安全和生产安全，为了使仓库能够安全进行作业，仓库管理员要树立强烈的安全作业意识，遵守仓库作业安全制度。

制度名称	仓库作业安全制度	受控状态	
		编　　号	
执行部门		监督部门		编修部门	

第1章　总则

第1条　目的

为了加强仓储部对仓库作业安全管理，保障仓库管理员在仓库作业中的安全，特制定本制度。

第2条　适用范围

本制度适用于仓储部所有人员和事项的安全管理工作。

第3条　管理职责

1.仓库主管成立安全保卫队，监督安全管理员的责任履行。

2.安全管理员负责仓库作业安全的日常管理工作。

第2章　装卸搬运过程安全制度

第4条　装卸搬运前注意事项

1.装卸搬运人员应提前了解物资属性、件重以及机器的负荷能力。

2.装卸搬运人员进入作业现场，必须穿戴好防护用具。

3.防护用具包括工作服、橡胶围裙、橡胶袖套、橡胶手套、长筒胶靴、防毒面具、滤毒口罩、纱口罩、纱手套和护目镜等。

4.装卸搬运人员上岗前必须经过安全技术培训。

第5条　装卸搬运中的注意事项

1.装卸搬运人员应对物资轻拿轻放，防止物资因撞击发生损坏。

2.搬运大件物资时应了解物资的重量以及搬运方式。

3.多人同时搬运物资的时候，需要协同动作，专人指挥。

4.在装卸搬运期间，性能不同的化学物资不能同车混装、同地混放。

5.对于各种装卸设备，必须制定安全操作规程，并由经过操作训练的专职人员操作，防止发生事故。

6.装卸搬运人员之间应相互配合，量力而行，不能冒险违章操作。

7.在进行装卸作业时，需要有专人在现场严格按照安全规范进行安全指导和作业指挥。

8.在搬运易燃易爆的物资时,严禁随身携带火柴、打火机以及在作业时吸烟。

9.装卸搬运人员发现物资包装损坏、泄漏、质量异常时应立即报告经理处理。

第6条 装卸搬运结束后的注意事项

1.在仓库作业结束后,所使用的工具都应妥善放置管理。

2.散落地面上的物品应及时清理。

3.装卸搬运结束后,装卸搬运人员应及时洗手、洗脸等,做好自身的清洁工作。

4.保证作业现场的空气流畅。

5.如果装卸搬运人员出现不舒服的症状,应及时就医。

第3章 特殊化学品装卸搬运安全制度

第7条 易燃液体

1.进行装卸搬运的作业场地不能有氧化剂、强碱等残留物。

2.利用钢桶承装的易燃液体,不能从高处翻滚卸车,应采取防火星措施,卸车时需专人照看。

3.在室内进行易燃液体的装卸搬运作业之前应先通风。

4.利用罐车运输易燃液体时应装有接地链。

5.装卸搬运易燃液体时,应轻拿轻放,禁止滚动、摩擦、撞击。

第8条 易燃固体

1.搬运易燃固体除要按照易燃液体处理之外,装卸搬运人员禁止穿带铁钉的鞋。

2.不可将易燃固体与氧化剂、酸类物质共同搬运。

3.搬运时散落在地面上的粉末应立即清理干净。

4.装卸搬运易燃固体时应捆扎牢固,不能使其晃动。

第9条 压缩气体和液化气体

1.储存压缩气体和液化气体的钢瓶是压力容器,因此搬运时,气瓶应竖立转动,不能脱手滚瓶或者传接,严禁撞击、拖拉、摔落。

2.进行装卸搬运作业时,装卸搬运人员应先检查气瓶阀门是否漏气,不能把气瓶的阀门对准人身,注意时刻防止气瓶的安全帽脱落。

3.装卸搬运作业地点以及人员身上不能有油脂污染物和强酸残物。

4.在装卸有毒气体钢瓶时,装卸搬运人员应穿戴防毒用具,防止吸入有毒气体。

第10条 腐蚀品

1.腐蚀品的装卸搬运首先应保证作业环境的通风良好,作业现场应远离热源和火源,严禁使用能产生火星的搬运工具。

2.大多数腐蚀品为液体,一般使用玻璃或者陶瓷容器盛装。严禁肩扛、拖拉、撞击,注意防止容器破碎。

3.装卸搬运人员应提前穿戴耐腐蚀防护服、胶手套、胶围裙、胶靴和防毒面具等。

4.装卸搬运人员在作业结束后必须更衣洗澡,防护用品必须清洗干净后才能再次使用。

5.装卸现场应备有清水、稀硼酸、稀醋酸溶液等,以防事故发生。

第 4 章 储存保管过程的安全制度

第 11 条 入库

1. 物资存放应排列整齐,堆放平稳,严禁将物资堆放在安全通道内。
2. 未经仓库主管批准,禁止私自在仓库作业。
3. 堆放的物资高度得当,对于易滑动的物资需要用木块塞垫。
4. 不同类型的物资不能堆放到一起。

第 12 条 保管

1. 易燃液体及易燃固体应存放在阴凉通风处,在储存区域内严禁明火。
2. 压缩气体和液化气体不能与其他物质共同储存,储存地点不能超过 30℃。
3. 腐蚀性物资不能与易燃物同地储存,可将腐蚀性物资保存至不同储存地点。

第 5 章 附则

第 13 条 编制单位

本制度由仓储部负责编制、解释与修订。

第 14 条 生效时间

本制度自××××年××月××日起生效。

编制日期		审核日期		批准日期	
修改标记		修改处数		修改日期	

8.1.2 制度 2:仓库消防安全制度

为了加强仓库消防安全管理,保护仓库免受火灾危害,仓库管理员必须建立健全消防安全组织,合理配置消防设施和消防器材,制定仓库消防安全制度,提高仓库管理员的安全素质。

制度名称	仓库消防安全制度		受控状态	
			编　　号	
执行部门		监督部门	编修部门	

第 1 章 总则

第 1 条 为了加强企业对仓库的消防安全管理,预防仓库失火,降低火灾危害和消防事故的发生率,特制定本制度。

第 2 条 本制度适用于仓库、货场的消防安全工作管理。

第 3 条 仓库管理员的消防管理职责如下。

1. 仓库主管设立消防保管员,并监督和安排保管员的日常工作。
2. 消防保管员应严格管理仓库的用电、用火,熟悉使用各种消防器械。
3. 消防保管员每天需要检查仓库的门窗是否关闭,检查电源、火源以及特殊物资的情况。

4.消防保管员应定期组织员工学习并贯彻消防法规,提高员工的安全意识。

5.保管员需定期展开防火检查,总结消防安全工作,如果发现安全隐患或者事故应立即上报仓库主管并处理。

第 2 章　仓库安全管理

第 4 条　新员工必须进行有关仓库的消防安全工作培训和考试,考试合格后才能上岗。

第 5 条　仓库的建设需符合国家建筑设计防火规范的相关规定,同时还需要通过相关消防机构的审核。建设完成后,应由仓储部经理以及消防机构的相关人员进行审核验收,不合格不予以使用。

第 6 条　仓库内的办公室以及休息室应具备独立的安全出口,而且应用不易燃烧的隔墙或者楼板与仓库分隔开。

第 7 条　储存特殊化学品的仓库失火的可能性比较大,应当按照相关规定建立专职消防队。

第 8 条　仓库需严格执行夜间值班、巡逻制度,值班人员应做好夜间巡查的工作。

第 9 条　仓库内需要经常保持干净整洁,对于散落的棉线、废纸等易燃物应该马上清理。

第 10 条　易燃和可燃物资的室外堆垛地点与烟囱、明火作业场所、架空电线等的距离需符合《建筑设计防火规范》中的相关规定。

第 11 条　各类仓库都应当建立义务消防组织,定期进行业务培训,开展自防自救工作。

第 12 条　仓库严禁明火,应设有明显的宣传标志,非相关人员不允许进入。

第 3 章　物资储存安全管理

第 13 条　易燃易爆等特殊物资入库前需经过专业人员检查,符合要求后才能入库。

第 14 条　在室外堆放的物资应该按照类别进行分类堆垛,而且应留出必要的防火间距。

第 15 条　仓库内物资应分类、分垛储存,每垛占地面积不应大于 $100m^2$,垛与垛的间距不小于 $1m$,垛与墙的间距不应小于 $0.5m$,垛与横梁、柱子的间距不小于 $0.3m$,主要通道不小于 $2m$。

第 16 条　储存易燃易爆等特殊物资的仓库布局、储存物资的类别不应随意改变。如果需要改变,应申请经理以及相关消防单位审核,审核合格后才可以改变。

第 17 条　储存易燃品的仓库严禁使用高温照明灯具。

第 18 条　使用过的沾油纤维物品以及可燃包装,需要放置在安全地点并及时处理。

第 19 条　如果因防冻要求而必须供暖时,仓库应采取水暖,水暖的散热器、供暖管道与储存物品的距离应大于 $0.3m$。

第 20 条　容易自燃或者和水会发生化学反应的物资必须在低温、通风和干燥的场所储存,并安装专用仪器定时检测,严格控制湿度与温度。

第 4 章　装卸搬运安全管理

第 21 条　搬运之前,装卸搬运人员需检查机动车的情况和物资的实际情况,机动车卸车后严禁在仓库和货场停留。

第22条　对容易产生静电的装卸搬运工具应采取消除静电的措施。

第23条　对需要进入仓库的机动车辆必须安装防火罩,以防消防事故发生。

第24条　作业结束后,装卸搬运人员应对仓库进行检查,检查无误后才可以离开。

第25条　仓库内严禁搭建临时建筑。如果因装卸作业确需搭建,必须经过仓储部经理以及相关消防人员的批准,并且在作业结束后立即拆除。

第5章　电气安全管理

第26条　仓库需要按照国家有关规定设计安装规范的防雷装置,并且定期检测,以防防雷装置失效。

第27条　仓库所有人员需要熟知安全用电的相关知识,熟悉仓库内用电设施的操作,应严格按照用电安全程序来工作。

第28条　仓库内不允许安装移动式照明灯具。照明灯具下方与储存物资的水平距离应大于0.5m。

第29条　仓库内严禁使用电炉、电烙铁、电熨斗等电热器具和电视机、电冰箱等家用电器。

第30条　仓库内所铺设的配电线路需要用金属管或非燃硬塑料管保护。

第31条　对仓库内的电气设备进行安装、检查和维修保养时应当严格按照各项电器的操作规程。

第6章　仓库火源管理

第32条　仓库管理员应该在明显的地方设置禁火标志。

第33条　仓库周围50m内严禁燃放烟花爆竹。

第34条　仓库管理员进入仓库前应上交手机等电子产品和火种。

第35条　仓库内严禁使用明火。如果需要在仓库外使用明火作业必须办理动火证,同时还需要经过消防保管员和仓储经理的批准。动火证应包括动火地点、时间、动火人、现场监护人、批准人和防火措施等内容。

第36条　在仓库内严禁使用火炉,如果需要在仓库内使用需要经过仓储经理与仓库的消防保管员批准。

第7章　仓库消防设施和器材管理

第37条　仓库内应当按照国家相关消防技术规范,设置和配备消防设施和器材。

第38条　消防器材需要放置在明显且便于取用的地方,在消防器材的周围严禁堆放物资和杂物。

第39条　消防保管员应该定期检查、保养仓库内的消防设备,如果出现损坏应立即维修、更换。

第40条　严禁任何人圈占、埋压和挪用消防设施。

第41条　严禁在仓库内的消防车道和仓库的安全出口、疏散楼梯等消防通道堆放物资或者杂物。

第42条　在仓库内应设立消防给水室,在相同的仓库使用相同型号的消防栓、水枪和水带。消防水带的长度不应超过25m。

第 8 章 附则

第 43 条 本制度由仓储部负责编制、解释与修订。

第 44 条 本制度自××××年××月××日起生效。

编制日期		审核日期		批准日期	
修改标记		修改处数		修改日期	

8.1.3 制度3：仓库防盗安全制度

为有效防止不法分子的入侵，防止盗窃事件的发生，仓库管理员必须遵守仓库防盗安全制度，确保仓库物资的安全。

制度名称	仓库防盗安全制度		受控状态	
			编　号	
执行部门		监督部门		编修部门	

第 1 章　总则

第 1 条　目的。

为了加强企业防盗安全工作的管理，明确防盗安全的工作内容，保障公司公共财产和员工合法财产的安全，特制定本制度。

第 2 条　适用范围。

本制度适用于企业仓库的防盗安全工作的管理。

第 3 条　管理职责。

1. 仓库主管负责定期对仓库内所有人员进行法制教育。
2. 仓库主管负责监控摄像的设置和管理。
3. 仓库主管应设立安保员，进行日常的监督工作。
4. 安保员负责进出仓库人员的检查以及记录，关键重要物资的保卫工作。
5. 安保员应定期开展安全检查，组织仓库范围内的安全保卫检查工作。

第 2 章　仓库防失窃管理措施

第 4 条　危险品防盗管理。

1. 仓库应严格依据公司有关危险品的管理规定，予以妥善保管、使用。
2. 危险化学品的存储、运输，应有效采取安全防盗措施，防止危险品丢失，危害社会。

第 5 条　贵重物品防盗管理。

仓库贵重仪器、设备及保密资料等，应当使用防护设备的库（柜）存放，指定专人管理，严格执行领用、清退、交接等登记手续。

第 6 条　一般物资防盗管理。

1. 仓库物资的存储及运输过程，应当有专人管理并明确其责任，做到定期盘点，账物相符。

2.仓库重地应建立严格的出入检验制度,出入物资应当有表明物品名称、规格、数量的清单,单物相符方可放行,做到闲人免进。

3.仓库管理员需定期对物资进行盘点,对重要物资每天进行盘点。

4.仓库管理人员应在易发生盗窃的区域,装置监控器、防盗报警器等安全防范设备。

5.仓库内部要完善健全内部值班、巡检制度,加强日常巡逻,发现可疑的人或事及时进行报告。

第3章 仓库物资失窃处理办法

第7条 仓库有关人员须在第一时间到达现场,查看该库房门是否有明显损坏或硬物撬开的迹象。

第8条 开门进入房间后,须查看库内之物是否凌乱,文件柜、保险柜是否被撬开。

第9条 不可移动现场摆设、触摸任何物件等,须保护现场并用摄像机拍摄现场。

第10条 及时封锁现场,不准任何人进入。

第11条 观察有无形迹可疑人员出入,记录被窃物品价值、盗窃时间等。

第12条 执法人员到现场后,须协助其工作,为执法人员提供资料影印副本,以做好内部调查。

第13条 对所涉及的各部门人员进行调查并录取口供,同时对重点部位和个人进行严密调查。

第4章 防盗奖惩管理

第14条 对认真执行本规定,安全防盗工作成绩显著,符合下列条件之一的仓库或者个人,公司可以分别给予通报表彰、嘉奖立功、物质奖励。

1.防盗安全措施落实到位,全面未发生盗窃事件的。

2.主动发现隐患,及时果断处置,避免盗窃案件发生的。

3.积极反映情况,提供线索,协助公安保卫部门破案,有突出贡献的。

4.为保护公司和个人的合法财产,与进行盗窃的违法犯罪分子作斗争的。

第15条 对违反本规定,存在安全隐患的仓库,经指出不改的,可以给予警告,并责令其限期整改。

第16条 对有下列情形之一的人员,给予警告或者____元以下罚款;情节严重的可以给予____元以下罚款。

1.防盗责任制流于形式,不检查、不落实的仓库主要负责人或者具体负责的保卫人员。

2.不负责任,擅离职守,无视安全防盗工作的责任人员。

3.发生盗窃案件隐匿不报的责任人员。

第17条 因玩忽职守发生盗窃案件,造成财产损失的,对有关责任人员,除进行经济惩罚外,还可以给予行政处分,并可以酌情责令其赔偿全部或者部分财产损失。

第 5 章　附则

第 18 条　本制度由仓储部负责修订与解释。

第 19 条　本制度自××××年××月××日起生效。

编制日期		审核日期		批准日期	
修改标记		修改处数		修改日期	

8.1.4　制度4：仓库物资安全制度

为做好仓库物资安全防护工作，确保物资存放安全，仓库应健全物资安全制度，设立安全责任人，做好仓库物资安全管理。

制度名称	仓库物资安全制度		受控状态	
			编　　号	
执行部门		监督部门	编修部门	

第 1 章　总则

第 1 条　为了做好物资安全防护工作，保证公司物资存放安全，规范物资管理工作，特制定本规范。

第 2 条　本管理规范适用于公司仓储部物资的安全管理。

第 2 章　基本要求

第 3 条　库房的设计应符合"建筑设计防火规范"和"仓库防火安全管理规则"的要求。

第 4 条　物资储存场所应根据物品性质配备足够的、与物品性质相适应的安全器材，并设置消防通信和报警设备。

第 5 条　必须加强物资安全管理，建立健全的岗位安全责任制，做好防火、防盗、防汛等工作。

第 6 条　在仓库、堆垛和罐区应设置明显的安全等级标志，通道、出入口道路应保持畅通。

第 7 条　仓应设置入库验收制度，核对、检验入库物资的规格、型号、质量、数量等信息，无检验合格证的物品不得入库。

第 8 条　物资的发放应严格履行相关领用管理制度，做到准确发放。

第 9 条　危险品仓库的管理人员应必须熟知所管物品名称、理化性质、防火、防爆、防毒的措施，并配备必要的防护用品、器具。

第 10 条　做好日常巡查工作，发现包装、容器破损、残缺、变形和物品变形、分解等情况应及时处理。

第 11 条　库房内严禁烟火，严禁一切产生电火花的操作。

第 12 条　危险品装卸、使用操作应符合危险品装卸运输安全管理、化学危险品使用有关管理规定。

第13条 危险品仓库内不准设办公室、休息室,不准住人。

第3章 组织管理

第14条 仓库应设一名主要领导为安全责任人,全面负责仓库物资的安全管理工作。

第15条 安全责任人有以下职责:

1. 组织学习安全法规,完成领导部署的安全工作。
2. 组织制定防火、防盗、防汛等安全管理及巡逻检查规定,落实逐级安全责任制和岗位安全责任制。
3. 组织对仓储人员开展安全宣传、业务培训和考核,提高员工的安全素质。
4. 组织开展安全检查,消除火险隐患,制定应急预案。

第16条 仓库管理员应当熟悉物品的分类、性质、保管业务知识和安全管理规定,掌握安全器材的操作使用和维护保养办法,做好本岗位的安全管理工作。

第4章 储存管理

第17条 露天存放的物资应当分类、分堆、分组、分垛存放,并留出必要的防护间距。

第18条 库存物资的存放应满足仓库物资存放"五距"要求,即留墙距、柱距、灯距、垛距、顶距。

第19条 容易发生化学反应或灭火方法不同的物品应分间、分库存放,并且在醒目位置标明存放物品名称、性质和灭火方法。

第20条 易自燃和与水分解的物品必须存放在温度较低、通风干燥的库房,并安装检测仪器,严格控制温度、湿度。

第21条 物品入库前应检查是否有安全隐患,确认后方可入库。

第5章 装卸管理

第22条 各种机动车辆装卸完物资后不得在库区、库房内停放、修理。

第23条 起重装卸物资车辆应经检验,起重工应持证上岗。

第24条 装卸工作结束后,应检查库房、库区,确认安全后方可离开。

第6章 电器管理

第25条 仓库内不准使用移动式照明灯具,照明灯具垂直下方与物品距离应在____米以上。

第26条 库房内所有配电线路需穿金属管或用非燃硬塑料管保护。

第27条 库房供电系统应在库房外设置开关箱,仓库管理员离开时应切断库房内电源。

第28条 仓库内的电气设备必须持电工证进行安装、检查、维修和保养,电工应当严格遵守各项电器操作规程。

第7章 火源管理

第29条 仓库内应设置醒目的防火标志,进入库区人员不得携带火种。

第30条 库房内严禁使用明火,库房周围使用明火应按规定办理相关证件。

第8章 安全设施及器材管理

第31条 库房应按国家安全技术管理规定设置,配备安全设施和安全器材。

第32条　安全器材应放置在明显、便于取用的位置,周围不得堆放物品和杂物。

第33条　仓库的安全设施应当由专人管理,负责检查、保养、维护、更换和添置,保证完好有效,严禁挪用、填压、圈占。

第34条　库区的消防车道和仓库的安全出口、疏散楼梯等安全通道,严禁堆放物品。

第9章　附则

第35条　本制度由仓储部负责制定、解释,报总经理批准后执行,修改时亦同。

第36条　本制度自××××年××月××日起生效。

编制日期		审核日期		批准日期	
修改标记		修改处数		修改日期	

8.2 仓库 6S 管理步骤

8.2.1 步骤1：明确仓库 6S 管理要点

仓库 6S 管理主要包括整理、整顿、清扫、清洁、素养、安全六个阶段。仓库 6S 管理的实施要点具体如表 8-1 所示。

表 8-1　仓库 6S 管理的实施要点

阶段	实施对象	工作内容	实施要点
整理阶段	设备、物资、产品等物品	◆ 进行物资要与不要的区分,要的物品进行分类管理,不要的物品要坚决清除	◆ 区分物品 ◆ 分别处置
整顿阶段	物品	◆ 堆放有序、合理 ◆ 物品数量标志明显 ◆ 安全、高效,提高工作质量	◆ 取物路径最近、时间最短 ◆ 物资堆放布局最好 ◆ 标志安全醒目
清扫阶段	环境、货架和设备	◆ 擦洗、清扫,使工作环境空气净化,工作面干净整齐	◆ 彻底清扫,不留死角 ◆ 清扫尘埃和污染源 ◆ 定期化和责任化

续表

阶段	实施对象	工作内容	实施要点
清洁阶段	物品和员工	◆ 将整理、整顿、清扫实施的做法制度化、规范化,并贯彻执行及维持结果	◆ 落实整理、整顿、清扫工作 ◆ 制定考评方法 ◆ 制定奖惩制度,加强执行 ◆ 仓库主管带头巡查,以表重视
素养阶段	员工	◆ 通过教育、训练达到管理规范化、制度化 ◆ 提高员工素质,讲究社会公德,加强自我修养	◆ 制定服装、仪容、识别证标准 ◆ 制定共同遵守的有关规则、规定 ◆ 制定礼仪守则 ◆ 推动各种精神提升活动
安全阶段	员工	◆ 强化员工安全意识,注重职业卫生安全,全员参与,重视预防,降低劳动强度,改善工作环境	◆ 制定严格的操作规程 ◆ 完善各种安全制度

8.2.2 步骤2:掌握仓库6S管理方法

仓库6S管理常用的方法主要有红牌作战、定点拍照和寻宝活动。其具体内容介绍如下。

（1）红牌作战

红牌作战可以清晰区分物品,提高员工执行6S的积极性,增强员工意识,其实施对象、实施频次、实施办法、注意事项如图8-1所示。

红牌作战活动的具体执行如图8-2所示。

（2）定点拍照

定点拍照可将工作场所内不愿其他人看到的区域拍摄下来,以揭露问题并自我反省,其适用阶段、拍照方法、照片运用、注意事项如图8-3所示。

定点拍照的具体执行如图8-4所示。

（3）寻宝活动

寻宝活动可发现并处理大量不用物品,快速判断,加快整理速度,对生产现场进行彻底整理,消除死角,增加整理的趣味性,其适用阶段、活动规则、实施要领、注意事项如图8-5所示。

实施对象	实施办法	注意事项
任何违反6S管理的问题，包括工作场所中不要的物品，需要改善的事、物、空间与污渍、死角等	1．整理：对不必要物品贴红牌 2．整顿：按照"定物、定位、定量"原则对需要改善的事物贴红牌 3．清扫：提出有效措施，减少红牌 4．清洁：寻找红牌问题根源，提出彻底解决的方法 5．素养：培养员工时刻寻找红牌事物并想办法减少红牌量的意识 6．安全：对不合格的安全设施与消防设施贴红牌	◆用挑剔的眼光严厉对待需要改善的事物 ◆所有有问题的对象都可以贴红牌 ◆不得贴在他人身上
实施频次 导入初期，每月举行两次。根据员工接受程度调整频次，避免出现"一片红"的情况		

图 8-1　红牌作战方法说明

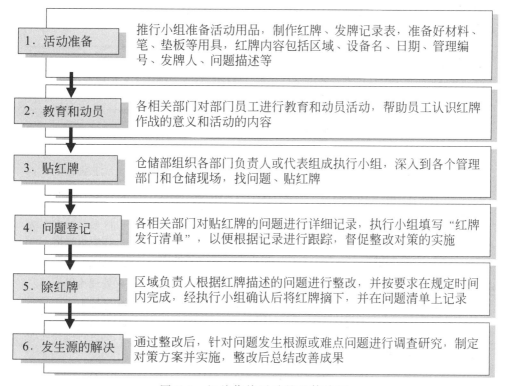

图 8-2　红牌作战活动的具体执行

第8章　仓库安全卫生管理

适用阶段	拍照方法	照片运用	注意事项
适用于6S活动中的各个阶段，作为活动推行的前后对比	拍摄者应站在同一位置，面向同一方向，使用同一焦距进行拍摄，照片上应印上日期	将照片贴在"定点拍照图表"上，进行评分，评价阶段时间内6S实施效果	◆ 进行拍照时应征得工作区域内人员的同意 ◆ 需做色别整顿的场合，使用彩色照片较为有效

图 8-3　定点拍照方法说明图

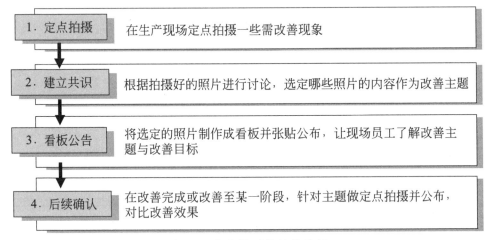

图 8-4　定点拍照的具体执行

适用阶段	实施要领	注意事项
适用于6S活动中的整理阶段后期，找出现场的无用物品，进行彻底整理	1. 6S推进小组指定进行当场判定，减少争议，节约时间 2. 对于不用物品不得直接丢弃，应由6S推进小组组织相关人员进行评估，并根据其价值确定处理方案	◆ 活动开展前应确定不要物品摆放区域、标志方法和申报表格 ◆ 明确活动期限和处理流程 ◆ 处理固定资产或存货时应报财务部进行账面处理
活动规则 1. 只寻找无用物品，不追究相关人员责任 2. 按照找到无用物品的多少给予奖励，找到的越多，奖励越高 3. 交叉互换区域寻宝		

图 8-5　寻宝活动方法说明

寻宝活动的具体执行如图 8-6 所示。

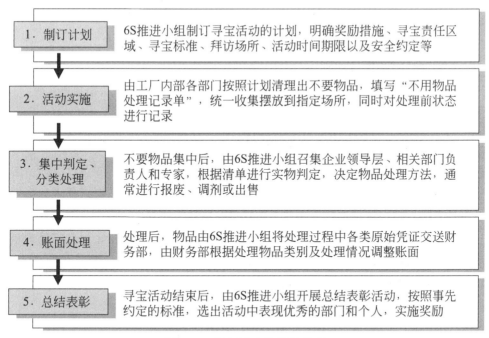

图 8-6　寻宝活动的具体执行

8.2.3　步骤 3：开展仓库 6S 工作

企业推行仓库 6S 管理是一项有组织的工作，一般包括如图 8-7 所示的步骤。

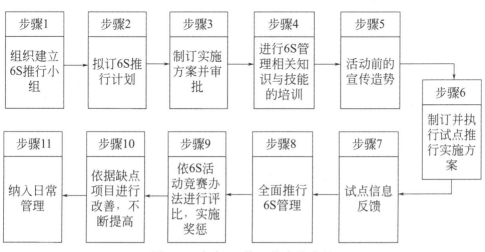

图 8-7　仓库 6S 管理的实施步骤

第 8 章　仓库安全卫生管理

（1）组织建立 6S 推行小组

① 仓储部经理组织建立 6S 推行小组，并且明确划分小组成员的工作职责。

② 6S 推行小组主要负责生产现场 6S 管理的推行工作。

（2）拟订 6S 推行计划

6S 推行小组负责拟订 6S 推行计划，明确 6S 推行管理方针、管理目标等。

（3）制订实施方案并审核

① 6S 推行小组负责根据 6S 推行计划、6S 推行管理方针、管理目标等制订具体的 6S 管理实施方案。

② 6S 管理实施方案的具体内容应包括活动开展时间表、主要责任人、培训及宣传安排、推行试点选择、具体考核安排及奖惩措施等。

③ 6S 推行小组将 6S 管理实施方案呈报至生产部经理审核，生产部经理审核后将 6S 管理实施方案呈报至生产总监审批。

④ 6S 管理实施方案经仓储总监审批后生效执行。

（4）相关知识与技能的培训

组织专家对仓储部全员进行仓库现场 6S 管理相关知识的培训，使员工掌握实行生产现场 6S 管理的必备知识和技能，明确 6S 管理的要求和操作要点。

（5）活动前的宣传造势

① 6S 推行小组组织各生产部门开展各项 6S 管理推行的宣传活动，使员工明确 6S 活动的目标和意义，调动员工参与 6S 活动的积极性。

② 6S 管理推行的宣传活动可以包括 6S 管理知识竞答比赛、漫画比赛、板报展示、标语宣传等多种形式。

（6）制订并执行试点推行实施方案

① 6S 推行小组根据各仓库实际情况选定仓库 6S 管理的推行试点。

② 6S 推行小组根据 6S 推行计划及实施方案制订试点推行 6S 管理实施方案。

③ 仓库 6S 管理推行试点按照试点推行实施方案推行 6S 管理。

④ 6S 推行小组对试点推行 6S 管理的执行过程进行监督、指导和管控。

（7）试点信息反馈

① 6S 管理推行试点在推行 6S 管理过程中及时向 6S 推行小组反馈 6S 活动推行过程中发现的问题。

② 6S 推行小组针对试点反馈的信息及问题进行分析，并制订相应的对策。

（8）全面推行 6S 管理

6S 推行小组总结试点执行的经验和不足，将试行的结果经过检讨修订，有针对性地改进 6S 推行方案，确定正式的实施办法，并在生产部门范围内全面推行生产现场 6S 管理。

（9）依 6S 活动竞赛办法进行评比，实施奖惩

① 除必须拟订详尽的计划和活动办法外，6S 推行小组应制订 6S 推行考核办法，确保 6S 活动的推行中，对每一项工作定期检查，对 6S 管理推行实施过程及成果加以控制。

② 6S 推行小组定期发布 6S 管理活动取得的成果，并根据 6S 推行考核情况和制订的奖惩标准实施具体的奖惩措施。

（10）依据缺点项目进行改善，不断提高

各生产部门及车间对 6S 管理推行实施过程中的不足加以改进和完善，不断提高生产现场管理水平，达到既定的标准。

（11）纳入日常管理

6S 推行小组将生产现场 6S 管理纳入公司日常生产管理活动中，形成相应的管理体系及制度文件，并在实施过程中不断优化和完善。

第9章 智能仓库管理

9.1 智能仓库知识点

9.1.1 知识1：智能仓库的构成

现代智能化仓库是一个复杂、综合的自动化系统，它由土建、机械和电气设备，以及各类信息系统所组成，有较高的单位面积储存量，并能够实现物资的快速搬运、堆码、分拣、配送作业，从而提高库存物资的流通效率，降低存货成本。

（1）土建设施

土建设施是仓库的基础，智能化仓库也不例外。现代智能化仓库的土建设施包括厂房、消防系统、照明系统、通风及采暖系统、通例（动力）系统及排水设备、避雷接地设施和环境保护设施等。

（2）机械设备

现代智能化仓库的机械设备一般包括货架、托盘、搬运设备和运输设备4部分，具体内容如表9-1所示。

表9-1 智能化机械设备组成

机械设备分类	具体说明
货架	◆ 智能化仓库中主要使用高层货架，它的高度一般在10～30m之间，最高可达40m，长度一般为高度的2.5～6倍，而且密度大，巷道狭窄，因此仓容利用率较高，常见的高层货架可以分为整体式货架和分离式货架两种 ◆ 整体式货架建设费用较低，但建成后很难改建、扩建，当货架高度大于12m时，一般采用这种货架 ◆ 分离式货架投资少，建设周期短，便于改建、扩建，当货架高度小于12m时，常采用这种结构
托盘	◆ 托盘是在一件或一组物资下面附加的一块垫板，板下有三条梁，形成两个插口、四向插口，可供叉车的两个叉伸入，将托盘连同物资一同搬运 ◆ 使用最频繁的托盘的规格有 800mm×1000mm、800mm×1200mm、1000mm×1200mm 三种

续表

机械设备分类	具体说明
搬运设备	◆ 一般由电力驱动通过自动或手动控制将物资从一处搬到另一处 ◆ 常见的搬运设备有升降梯、搬运车、巷道式堆垛机、双轨堆垛机、无轨叉车和转臂起重机等
运输设备	◆ 运输设备是现代智能仓库中的辅助设备,它具有把各物流站衔接起来的作用 ◆ 运输设备主要有输送机及运输车两种

（3）电气设备

现代智能化仓库中的电气设备主要包括检测装置、信息识别装置、控制装置、监控及调度设备、计算机管理系统、数据通信设备、大屏幕显示器及图像监视设备等,具体如表9-2所示。

表9-2 智能化仓库电气设备组成

电气设备	具体内容
检测装置	◆ 仓库的检测通常包括对物资的外观检测、对运行设备状态的检测、对物资重量的检测、对系统参数的检测、对机械设备及物资运行位置和方向的检测、对设备故障情况的检测 ◆ 通过检测手段对各种物理参数和相应的化学参数进行检测、判断和处理可以为系统决策提供最佳依据
信息识别装置	◆ 智能化仓库中的信息识别装置通常采用条形码、磁条、光学字符和射频等识别技术 ◆ 可完成对物资品名、类别、货号、数量、等级、目的地、生产厂,甚至货位地址等信息的采集与识别
控制装置	◆ 实现智能化仓库的自动运转,仓库内所用的各种存取、输送设备本身必须配备各种控制装置 ◆ 常见的控制装置种类很多,从普通开关和继电器,到微处理器、单片机和可编程序控制器,都能完成一定的控制任务
监控及调度设备	◆ 监控及调度设备主要用于监控智能仓库中各设备的运行任务、运行路径、运行方向,并根据情况对其进行调度,使其能够按照指挥系统的命令进行物资搬运活动。 ◆ 通过监控系统的监视画面,仓库管理员还可以直观地看到各设备的运行情况

续表

电气设备	具体内容
计算机管理系统	◆ 计算机管理系统(主机系统)是自动化仓库的指挥中心,它指挥着仓库中各设备的运行 ◆ 主要完成整个仓库的账目管理和作业管理,并完成与上级系统的通信和企业管理系统的部分任务
数据通信设备	◆ 在自动化仓库中,为了完成规定的任务,各系统、设备之间要进行大量的信息交换。信息传递的媒介主要有电缆、远红外光、光纤和电磁波等
大屏幕显示器	◆ 仓库管理员可以通过显示设备的指示进行各种搬运拣选 ◆ 在中控室或机房,人们可以通过屏幕或模拟屏的显示,观察现场的操作及设备情况 ◆ 各种显示设备是为了使仓库管理员操作方便,易于观察设备情况而设置的
图像监视设备	◆ 图像监视设备主要是电视监视系统通过高分辨率、低照度变焦的摄像装置对智能化仓库中人身及设备安全进行观察,对主要操作点进行集中监视的现代化装置

（4）计算机控制系统

现代智能化仓库是一个综合物资供应系统,也是集物资储存、输送、分配等功能于一体的集成自动化系统。该集成自动化系统一般由计算机管理、计算机监控、堆垛机控制、旋转货架控制、输送机控制、机自动分拣控制等子系统构成。

通过计算机系统对其他各种设备的控制,它能够实现包装标准化、识别条码化、输送机械化、管理微机化和控制自动化。

9.1.2 知识2：自动化立体仓库

自动化立体仓库是以高层货架为主体进行物资储存,由电子计算机进行管理和控制,配套自动巷道作业设备和输送系统的无人仓库。

（1）智能仓储系统的构成

智能仓储系统是由立体货架、巷道式堆垛机、出入库输送系统、自动控制系统、仓储管理系统以及其他周边设备组成的智能化系统,其具体内容如表9-3所示。

表 9-3　智能仓储系统构成表

智能仓储系统构成	具体说明
立体货架	◆ 通过立体货架实现物资存储功能，充分利用立体空间，并起到支撑堆垛机的作用 ◆ 根据物资承载单元的不同，立体货架又分为托盘货架系统和周转箱货架系统
巷道式堆垛机	◆ 巷道式堆垛机是自动化立体仓库的核心起重及运输设备，在高层货架的巷道内沿着轨道运行，实现取送物资的功能 ◆ 巷道式堆垛机主要分为单立柱堆垛机和双立柱堆垛机
出入库输送系统	◆ 物资存储单元在巷道外的出入库需要通过出入库输送系统完成
自动控制系统	◆ 自动控制系统是整个智能仓储系统执行的控制核心，向上连接物流调度系统，接受物料的输送指令；向下连接输送设备实现底层输送设备的驱动、输送物料的检测与识别；完成物料输送及过程控制信息的传递
仓储管理系统	◆ 仓储管理系统是对订单、需求、出入库、货位、不合格品、库存状态等各类仓储信息进行分析和管理。该系统是自动化立体仓库系统的核心，是保证立体仓库更好使用的关键
周边设备	◆ 周边设备包括自动识别系统、自动分拣系统等辅助完成

（2）自动化立体仓库的分类

自动化立体仓库根据货架的结构形式、储存物品等标准不同，可分为不同的种类。具体如表 9-4 所示。

表 9-4　自动化立体仓库的分类

标准	具体的分类
按建筑类型分类	整体式自动化立体仓库、分离式自动化立体仓库
按储存物品分类	常温自动化立体仓库、低温自动化立体仓库、防爆危险品自动化立体仓库、无尘自动化立体仓库
按储存作用分类	生产型仓库、备品配件仓库、流通型仓库
按货架结构分类	货格式立体仓库、贯通式立体仓库、自动化柜式立体仓库、条形货架立体仓库

续表

标准	具体的分类
按货架高度分类	低层立体仓库、中层立体仓库、高层立体仓库
按物资存取形式分类	拣选货架式、单元货架式、移动货架式

（3）智能仓储系统的功能

智能仓储系统的功能主要包括入库、储存、取货、发货和信息查询，具体内容如图 9-1 所示。

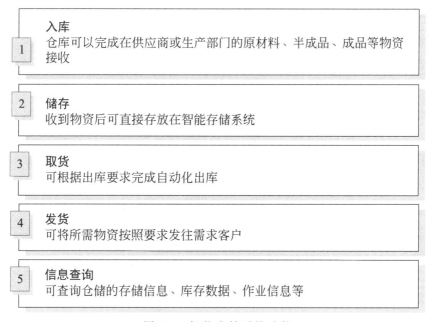

图 9-1　智能仓储系统功能

9.1.3　知识 3：托盘单元式自动仓库

托盘单元式自动仓库，是自动仓库最广泛的使用形式，是可以将托盘自动插入或者系统分配的自动存取系统。

（1）托盘单元式自动仓库构成

托盘单元式自动仓库应用托盘货架储存单元化托盘物资，一般由巷道堆垛起重机、高层货架、出入库输送机系统、自动控制系统、周边设备和计算机仓库管理系统等组成。

高层货架多采用整体式结构，一般由型钢焊接的货架片（带托盘），通过水平、垂直拉杆以及横梁等构件连接起来。高层货架设计时需要考虑在原始位置物资的停放精度，堆垛机的停位精度，堆垛机及货架的安装精度等。

(2) 托盘单元式自动仓库功能

托盘单元式自动仓库应用的巷道堆垛起重机是一种快速的、准确的、可靠的和维护保养要求低的巷道起重机。不仅节省人力资源，而且节省能源成本。堆垛起重机甚至可以在没有灯和暖气的仓库中操作。

托盘单元式自动仓库主要适用于需要整装托盘进出的物资，需要从堆货区补货至拣货区的物资等。

9.1.4 知识4：箱盒式自动仓库

箱盒式自动仓库是针对平均或者低周转速度订单拣货的解决方案。此类物资可通过箱式自动存取系统自动传送到操作员的位置。

(1) 箱盒式自动仓库的运行工具

箱盒式自动仓库主要应用塑料造物流箱、吸塑盘或者纸箱进行物资搬运和储存，物流箱和纸箱被传送到配有针对巷道设计的起重设备的订单拣货工作站，以便于拣货人员直接操作。

(2) 箱盒式自动仓库的应用

箱盒式自动仓库可以与货架和自动识别系统结合。借助于箱盒式自动仓库可以自动补货到拣选位置，从而使订单拣货系统更有效。

箱盒式自动仓库迅速、可靠并且对于维护保养要求低，主要适用于物资存储高度 16m 以下的仓储作业。

箱盒式自动仓库可以移动和存储放置在堆栈包袋、可折叠式包袋、套装式集装箱和盒子/硬纸板箱中的不规则外形的物资或部件。还可用于分拣操作，根据订单完成的物资将得到暂时的缓冲，然后在正确的时间输送到运输部门。

9.2 智能仓库管理系统

9.2.1 系统1：智能运输系统

智能运输系统主要包括皮带运输线、滚筒运输线、托盘运输线等，具体功能和使用情况如表 9-5 所示。

表 9-5　智能运输系统常用工具表

运输工具	使用说明	适用范围
皮带运输线	◆ 皮带式输送机是利用输送带承载和牵引物资的运输机 ◆ 能够水平输送,也可以倾斜输送,但倾斜的角度不能够大于 15°,避免物资从皮带上滑落	◆ 能够用于输送各种类型的物资,也适用于小零件运输 ◆ 常应用于物流中心或配送中心
滚筒运输线	◆ 滚筒运输线可以运输单件物料重量大或承受较大冲击载荷的机械	◆ 用于各类箱、包、托盘等货物的运输
托盘运输线	◆ 在驱动装置的驱动下,利用滚筒或链条作为承载物,对托盘及其上的物资进行运输	◆ 适用于食品、药品、化妆品等物资运输

9.2.2　系统 2:自动码垛系统

自动码垛系统最常用的应用工具为高位码垛机和机器人码垛系统,其使用方法和应用范围如表 9-6 所示。

表 9-6　自动码垛系统

自动码垛系统	使用方法	适用范围
高位码垛机	将装入包装容器的物资或经过包装以及未经包装的规则物品,按一定排列码放在托盘上,进行自动堆码,可堆码多层,然后推出,便于继续进行下一步包装或者叉车运至仓库储存	用于石油化工、食品、医药、饲料、粮食、有色矿物和建材等行业中的粉状、粒状物料,以及规则有一定体积的物品的全自动码垛
机器人码垛系统	它能把袋子、盒子或木板箱堆成垛,然后放置在适合的输送设备上运输到需要的任何位置,装好的托物盘可以用堆高机进行堆叠,或安全轻便地通过滚筒输送设备进行储存或转运	机器人码垛系统适用于纸箱、袋装、罐装、箱体、瓶装等各种形状的包装成品进行码垛作业

9.2.3　系统 3:自动分拣系统

为了降低配货错误率,减少人工操作的误差,可采取自动分拣作业的方式来进行配货,采取自动分拣系统还可以达到提高作业效率的目的。

自动分拣系统最主要的特点就是设备自动进行分拣,误差率极低,基本实现无人化,降低人员操作误差。

(1) 自动分拣系统的组成

企业采用自动分拣系统,来降低分拣配货错误率,需了解自动分拣系统的组成。自动分拣系统一般由控制装置、分类装置、输送装置及分拣道口组成。各部分的基本作用如表9-7所示。

表9-7 自动分拣系统的组成

组成部分	作用
控制装置	◆ 作用是识别、接收和处理分拣信号,根据分拣信号的要求指示分类装置物资品种,按物资送达地点或货主的类别对物资进行自动分类 ◆ 分拣信息可以通过不同方式,如条形码扫描、色码扫描、键盘输入、重量检测、语音识别、高度检测及形状识别等方式,输入到分拣控制系统中去 ◆ 控制装置根据分拣信号来决定某一种物资进入哪一个分拣道口
分类装置	◆ 当具有相同分拣信号的物资经过该装置时,该装置动作,改变输送装置上的运行方向进入其他输送机或分拣道口 ◆ 分类装置的种类很多,一般有推出式、浮出式、倾斜式和分支式几种,不同的装置对分拣物资的包装材料、包装重量、包装物底面的平滑程度等有不完全相同的要求
输送装置	◆ 主要作用是使待分拣物资鱼贯通过控制装置、分类装置,并输送至装置的两侧,一般要连接若干分拣道口,使分好类的物资滑下主输送机,以便进行后续作业 ◆ 输送装置的主要组成部分是传送带或输送机
分拣道口	◆ 分拣道口是已分拣物资脱离主输送机进入集货区域的通道,一般由钢带、皮带、滚筒等组成滑道,使物资从主输送装置滑向集货站台,再由工作人员将该道口的所有物资集中后进行入库储存,或进行组配装车、配送作业

(2) 自动分拣设备

自动分拣设备的作用是将以订货为单位进行配货的物资,按照不同的客户、不同的订单进行区分,使作业准确化、高效化。自动分拣设备按照其分拣机构的结构分为不同的类型,常见的主要类型如表9-8所示。

表 9-8　自动分拣设备

分拣设备名称	详细介绍
挡板式分拣机	◆ 利用一个挡板挡住在输送机上向前移动的物资，将物资引导到一侧的滑道排出 ◆ 挡板一般安装在输送机的两侧，和输送机上平面不相接触，即使在操作时也只接触物资而不触及输送机的输送表面，因此它对大多数形式的输送机都适用 ◆ 挡板有不同形式，如有直线形、曲线形，也有的在挡板工作面上装有滚筒或光滑的塑料材料，以减小摩擦阻力
浮出式分拣机	◆ 把物资从主输送机上托起，从而将物资引导出主输送机的一种结构形式 ◆ 从引离主输送机的方向看，一种是引出方向与主输送机构成直角；另一种是呈一定夹角（通常是 30°～45°）的分拣机
滑块式分拣机	◆ 其输送机的表面用金属条板或管子构成，如竹席状，而在每个条板或管子上有一枚用硬质材料制成的导向滑块，能沿条板做横向滑动
托盘式分拣机	◆ 托盘式分拣机主要由托盘小车、驱动装置、牵引装置等组成 ◆ 传统的平托盘小车利用盘面倾翻，重力卸载物资，结构简单，但存在着上货位置不稳、卸货时间过长的缺点，从而造成高速分拣时不稳定以及格口宽度尺寸过大 ◆ 交叉带式托盘小车的特点是取消了传统的盘面倾翻、利用重力卸落物资的结构，而在车体下设置了一条可以双向运转的短传送带（又称交叉带），用它来承接上货机，并由牵引链牵引运行到格口，再由交叉带运送，将物资强制卸落到左侧或右侧的格口中
悬挂式分拣机	◆ 悬挂式分拣机是用牵引链（或钢丝绳）作牵引绳的分拣设备，按照有无支线，它可分为固定悬挂和推式悬挂两种机型 ◆ 前者用于分拣、输送物资，它只有主输送线路、吊具和牵引链是连接在一起的，后者除主输送线路外还具备储存支线，并有分拣、储存、输送物资等多种功能
滚柱式分拣机	◆ 滚柱式分拣机是对物资输送、存储与分路的分拣设备，按处理物资流程需要，可以布置成水平形式，也可以和提升机联合使用构成立体仓库 ◆ 一般适用于包装良好、底面平整的箱装物资，其分拣能力高但结构较复杂，价格较高

9.2.4　系统 4: 自动识别系统

目前智能仓储应用最为广泛的自动识别系统为无线射频识别（Radio Frequency Identification，RFID）仓储管理系统。可通过无线通信结合数据访问技术，然后连接数据库系统，加以实现非接触式的双向通信，从而达到了识别的目的。

RFID 仓储管理系统主要由读写器（Reader）、电子标签（Tag）和企业 ERP 管理系统三部分组成，其功能主要有 4 个方面，如图 9-2 所示。

1. RFID仓储管理系统可自动查询物资信息、自动提交出入库信息、自动反馈现场作业，无须各种单据交接，实现出入库自动化
2. 自动记忆库位信息，快速查询物资，实现高效理货
3. 自动汇总物资信息，实现精准盘点
4. 实现仓储管理标准化，提升作业效率

图 9-2　自动识别系统功能

9.2.5　系统 5：视频监控系统

实现仓储的智能监控，需要对仓库的出入口、通道、货架仓储、传送带、分拣区、退/换货区、电梯、停车场、围墙等进行 24 小时不间断监控，保证监控无盲区、盲点，高清设计，成像效果清晰。

视频监控系统的功能主要有 4 个方面，如表 9-9 所示。

表 9-9　视频监控系统功能

功能	具体说明
视频取证	◆ 支持高清抓拍,可对事故后调查、取证、还原事情真相起作用 ◆ 随时随地访问被监控地点,支持不同移动终端调看视频监控画面,实现应急指挥和远程调度
智能报警	◆ 采用智能传感和监控防盗技术,自动识别异常行为,包含火灾、漏水等事故 ◆ 对非法潜入的行为,会启动智能报警和远程消息提醒功能
云端存储	◆ 云端存储可缓解高清存储压力,保证录像安全,独立服务,不会轻易被人破坏,且可以实时观看
服务集群	◆ 智能视频监控系统是数据运行平台,接入设备量多、数据处理能力大,需要多台服务同时解决设备与访问之间交互处理和数据分配的问题

9.2.6 系统6：仓库管理系统

仓库管理系统（Warehouse Management System，WMS）是一套对智能化仓库进行管理的应用型操作软件，通过对其进行操作，可以完成仓储及流通中的主要工作。

仓库管理系统软件由许多功能软件子系统组合构成，基本软件情况及构成如表9-10所示。

表9-10 仓库管理系统及其组成

仓库管理系统	入库管理子系统		入库单据处理（录入）
			条码打印及管理
			物资装盘及托盘数据登录（录入）
			货位分配及入库指令的发出
			占用的货位重新分配
			入库成功确认
			入库单据打印
	出库管理子系统		出库单据处理（录入）
			出库项内容生成及出库指令发出
			错误物资或倒空的货位重新分配
			出库成功确认
			出库单据打印
	数据管理子系统	库存管理	货位管理查询
			物资编码查询库存
			入库时间查询库存
			盘点作业
		数据管理	物资编码管理
			安全库存量管理
			供应商数据管理
			使用部门数据管理
			未被确认操作的查询和处理
			数据库与实际不符记录的查询和处理
	系统管理子系统		使用者及其权限设置
			数据库备份操作
			系统通信开始和结束
			系统的登录和退出

（1）入库管理子系统

① 入库单数据处理（录入）。入库单可包含多份入库分单，每份入库分单可包含多份托盘数据，其结构如图 9-3 所示。

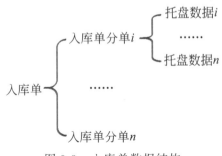

图 9-3　入库单数据结构

入库单的基本结构是每个托盘上放一种物资，从而使仓储效率更高、流程更清晰。

② 条码打印及管理。通过对条码打印及管理，避免条码的重复，使仓库内每一个托盘物资的条码都是唯一的标志。

③ 物资装盘及托盘数据登录（录入）。入库单的库存管理系统可支持大批量一次性到货。这个管理系统的运作过程包括以下 3 个步骤。

a. 到货后，首先将物资分别装盘，并确保每一个托盘上只放同类的物资。

b. 装盘后，对每个托盘物资分别给予一个条码标志，并将每个托盘上装载的物资种类、数量、入库单号、供应商、使用部门等信息与该唯一的条码标志对应。

c. 登录完成后，即可以通过扫描该条码得到该盘物资的相关库存信息及动作状态信息。

④ 货位分配及入库指令的发出。托盘资料登录完成后，该托盘即进入待入库状态，系统将自动根据存储规则（如货架使用区域的区分）为每一个托盘分配一个适合的空货位，并向手持终端发出入库操作的要求。

⑤ 占用的货位重新分配。当所分配的货位实际已有货时，系统会指出新的可用货位，通过手持终端指挥完成操作。

⑥ 入库成功确认。从登录完成至手持终端返回入库成功的确认信息前，该托盘的物资始终处于入库状态。直至收到确认信息，系统才会把该盘物资状态改为正常库存，并相应更改数据库的相关记录。

⑦ 入库单据打印。打印实际收货入库单。

（2）出库管理子系统

出库管理子系统包括 5 个主要的功能。

① 出库单据处理（录入）。制作出库单，每份出库单可包括多种、多数量物资，出库单分为出库单和出库分单，结构与入库单类似，均由手工输入生成。

② 出库项内容生成及出库指令发出。系统可根据出库内容以一定规律（如先进先出、就近等），具体到托盘及货位，生成出库内容，并发出出库指令。

③ 错误物资或倒空的货位重新分配。当操作者通过取货位置扫描图确认物资时，如果发现物资错误或实际上无货，只要将信息反馈给系统，系统就会自动生成下一个取货位置，指挥完成操作。

④ 出库成功确认。手持终端确认物资无误后，发出确认信息，该托盘物资即进入出库运行状态。在出库区现场终端确认出库成功完成后，即可取数据库中的托盘条码，并修改相应数据库的记录。

⑤ 出库单据打印。打印与托盘相对应的出库单据。

（3）数据管理子系统

① 库存管理。库存管理功能包括 4 个方面的子功能，具体如下。

a.货位管理查询：查询货位使用情况（空、占用、故障等）。

b.物资编码查询库存：根据物资编码查询该种物资的库存情况。

c.入库时间查询库存：查询以日为单位的在库库存。

d.盘点作业：进入盘点状态，实现全库盘点。

② 数据管理。数据管理功能包括 6 个子功能，如表 9-11 所示。

表 9-11　数据管理功能包括的 6 个子功能

工作项	具体说明
物资编码管理	提供与物资编码相关的信息输入界面,包括编码、名称、所属部门、单位等的输入
安全库存量管理	提供具体到某种物资的最大库存、最小库存参数设置,从而实现库存量的监控预警
供应商数据管理	录入供应商编号、名称、联系方法,供入库单使用
使用部门数据管理	录入使用部门、编号、名称等,供出入库使用
未被确认操作的查询和处理	提供未被确认操作的查询和逐条核对处理功能
数据库与实际不符记录的查询和处理	逐条提供选择决定是否更改为实际操作的实时记录或手工输入记录

（4）系统管理子系统

① 使用者及其权限设置。使用者名称、代码、密码、可使用程序模块的选择。

② 数据库备份操作。提供存储过程中每日定时备份的数据库或日志。

③ 系统通信开始和结束。因系统有无线通信部分，因此提供通信的开始和关闭操作功能。

④ 系统的登录和退出。提供系统登录和退出界面相关信息。

9.2.7 系统 7：仓储控制系统

仓储控制系统（Warehouse Control System，WCS）是介于仓库管理系统（WMS）和底层物流设备之间的一层管理控制系统。它可以将任务分解到分拣机、输送机、堆垛机等设备，作业队列可监控；任务执行流程及状态实时反馈给WMS，所有作业及指令历史记录都可追溯。

WCS 功能如图 9-4 所示。

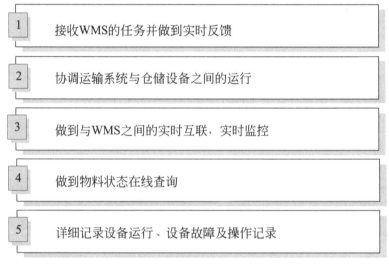

图 9-4　仓储控制系统的功能

参考文献

［1］弗布克管理咨询中心.仓库管理员精细化管理工作手册.北京：化学工业出版社，2020.
［2］邹晓春.仓储部规范化管理工具箱.第 3 版.北京：人民邮电出版社，2013.
［3］韩建国.仓储管理流程与节点精细化设计.北京：人民邮电出版社，2014.
［4］王兰会.仓库管理人员岗位培训手册（实战图解版）.北京：人民邮电出版社，2015.
［5］李育蔚.仓储物流精细化管理全案（超值珍藏版）.北京：人民邮电出版社，2015.